Nadja Nollau

Feng Shui

Du bist, wie du wohnst

Nadja Nollau

Feng Shui
Du bist, wie du wohnst

Wie Sie in 24 Stunden alte Dinge loswerden und innere Klarheit gewinnen

Inhalt

Wohnst du, wie du bist?

Sie träumen von mehr Glück, mehr Liebe, mehr Zufriedenheit und mehr Erfolg? Dann wagen Sie eine Bestandsaufnahme Ihres jetzigen Lebens. Wie? Indem Sie Ihr Zuhause einer eingehenden Prüfung unterziehen. Denn wir sind, wie wir wohnen, und wir wohnen, wie wir sind. Wenn Sie etwas in Ihrem Leben ändern wollen, dann beginnen Sie damit, Ihr Zuhause zu verändern.

Haus oder Wohnung – Spiegelbild der Seele

»Eh' du anfängst, die Welt zu verändern, gehe dreimal durch dein eigenes Haus.« So lautet ein chinesisches Sprichwort. Der Rat resultiert aus dem Wissen, dass alles, was uns widerfährt, nicht dem Zufall oder dem Schicksal entspringt, sondern dass wir selbst der Auslöser sind. Was in uns ist, was wir denken und fühlen, das spiegelt sich in unserem Tun wieder, auch in der Art, wie wir wohnen. Unser Zuhause ist Abbild unseres Seelenzustandes, weil wir wohnen, wie wir sind. Schon kleine Veränderungen in den eigenen vier Wänden können sich direkt auf die Lebensumstände auswirken. Warum also nicht so wohnen, wie man gerne sein möchte?

Machen Sie Ihre Wohnung zu einem Ort der Kraft

Was bedeutet »daheim sein« für uns? Hier können wir uns fallen lassen, darf sich unser wahres Selbst frei entfalten. Hier lassen wir die Seele baumeln und laden unseren »Akku« wieder auf. Wir kommen heim, schließen die Tür hinter uns, sperren das Draußen aus und bleiben mit uns selbst zurück. Die eigenen vier Wände fungieren als Schutzzone in unserem Leben. Während wir im Alltag oft mit vielen Problemen konfrontiert werden, wollen wir in den eigenen vier Wänden loslassen, entspannen und Kraft tanken. Zu Hause lassen wir unsere Masken fallen, hier können wir uns gehen lassen und uns frei von äußeren Zwängen ausleben. Aber die Vorstellung, dass wir da »draußen« anders sind oder sein könnten als »drinnen« im eigenen Heim, ist leider eine Illusion: Denn wir nehmen uns überall hin mit. Deshalb stehen die eigenen vier Wände sinnbildlich für das eigene Leben.

Die Aura der Räume erkennen und verbessern

Sie haben das bestimmt schon einmal erlebt: Sie kommen in eine Wohnung oder in ein Haus und fühlen sich auf Anhieb wohl. Vielleicht saßen Sie aber auch schon einmal bei einer Essenseinladung am Tisch und haben sich aus unerfindlichen Gründen absolut unwohl gefühlt, wollten keine Minute länger als notwendig bleiben. Obwohl das Essen köstlich und die Gastgeber sympathische Menschen waren, lag eine Spannung in der Luft, war die Disharmonie deutlich spürbar.

Wer so eine Erfahrung gemacht hat, hat intuitiv die Atmosphäre des Raums und des Umfelds gespürt, in dem der Besitzer lebt. Und ohne es zu ahnen, hat der Bewohner etwas darüber verraten, was sich momentan in seinem Inneren abspielt. Wo Spannungen, finanzielle oder berufliche Sorgen, Krankheiten, Beziehungsprobleme oder Streit existieren, ist dies im direkten Umfeld zu spüren, auch wenn die Fassade glücklich erscheint.

Umgekehrt ist das genauso der Fall. Wir laden in unser Haus ein, das aufgeladen ist mit unseren eigenen Stimmungen. Die Atmosphäre ist durchströmt von unserer Ausstrahlung. Wie ein Parfüm legt sich unser Duft über unser Heim, und feinfühlige Zeitgenossen nehmen diesen »Duft« intuitiv wahr. Überlegen Sie einmal, was Ihr Heim momentan ausstrahlt. Ist es Harmonie, weil gerade im Beruf oder in der Partnerschaft alles rundläuft und Sie sehr zufrieden mit Ihrem Leben sind? Oder liegt vielleicht Spannung in der Luft, weil Streit in der Beziehung herrscht oder die Situation am Arbeitsplatz zurzeit schwierig ist? Versuchen Sie die Stimmung zu erfassen.

Wie habe ich mein Leben »eingerichtet«?

Ob wir wollen oder nicht, das eigene Zuhause spiegelt den Seelenzustand wider, in dem sich seine Bewohner gegenwärtig befinden. Betrachten Sie doch einfach mal Ihr Haus oder Ihre Wohnung mit diesem neuen Bewusstsein. Überprüfen Sie einmal aufmerksam Ihre häusliche Umgebung und fragen Sie sich dann: Gefällt mir das, was ich sehe? Bin ich das wirklich? Will ich das sein?

Wenn Sie diese Fragen nicht sicher und eindeutig mit Ja beantworten können, ist es vielleicht Zeit für eine Veränderung. Denn wenn Sie sich mit Ihrer Wohnung nicht identifizieren können, wenn sich dort Störfaktoren befinden, wirkt sich das vermutlich auf Ihr Leben aus. Auch dort wird es Unruheherde geben, die verhindern, dass Sie sich nach Ihren besten Möglichkeiten entfalten und glücklich werden.

Der Weg ins Ich

Ihr Weg ins Ich fängt mit einer genauen Bestandsaufnahme an. Dabei gehen wir von außen nach innen, denn auf dem Weg zu mehr Gleichgewicht mithilfe von Feng Shui betrachten Sie nicht Ihre Psyche, sondern Ihr Heim. Die Fragen lauten: Was gefällt mir in meiner Wohnung und was nicht? Was stört mich? Was kann oder will ich ändern? Der Vorteil dieser Vorgehensweise: Schritt für Schritt kommen wir ins Lot und harmonisieren so alle Lebensbereiche.

Und nun wird es spannend, denn jetzt sind Sie gefordert, sich mit dem, was Sie in Ihren vier Wänden stört, auseinander zu setzen. Denn alles, was Ihnen daheim nicht gefällt, bremst Sie »draußen« im Alltag. Es ist der »Ballast« in Ihrer Wohnung und in Ihrem Leben. Das kann alles Mögliche sein: neue und alte Dinge, überflüssige Dinge, kaputte Dinge, Unordnung, Schmutz ... Alles, was stört, wird einer genauen Prüfung unterzogen und danach ordentlich verstaut oder entsorgt. Wie Sie dabei am besten vorgehen, das erfahren Sie in diesem Buch.

So werden Sie Ihre Wohnung nach und nach entrümpeln. Und mit jedem Stück, das Sie aufräumen oder wegwerfen, bringen Sie ein wenig mehr Klarheit und Ordnung in Ihr Leben. Indem Sie den Ballast in Ihrer äußeren Welt loswerden, befreien Sie Ihre innere Welt von hemmenden und störenden Einflüssen.

Raum für Veränderung

Stellen Sie sich vor, wie viel Energie freigesetzt wird, wenn Sie sich in Ihrer Wohnung rundum wohl fühlen und an nichts mehr stören müssen. Sie haben

nun viel mehr Raum und Zeit für Dinge, die Ihnen viel bedeuten – in Ihrer Wohnung und in Ihrem Leben. Ganz nebenbei haben Sie beim Entrümpeln viel über sich erfahren, denn Dinge aufzuräumen und wegzuwerfen ist eine Reise in die Vergangenheit und zu Ihren Erinnerungen. Das Aussortieren bringt Sie dazu, sich mit Ihren Wünschen und Erwartungen zu beschäftigen.
So gewinnen Sie Klarheit über sich, wer Sie sind, wo Sie stehen, was Sie sich wünschen, in welche Richtung Sie sich entwickeln wollen. Sie haben sich nicht nur von Ballast befreit, sondern auch den Boden bereitet, Neues in Ihr Leben zu lassen. Sie sind offen für positive Veränderungen, und diese werden eintreten!

Die äußere Ordnung ist ein Spiegelbild der inneren Ordnung.

Freier Fluss der Lebensenergie

Bei diesem Prozess unterstützt Sie das Feng Shui: Diese alte chinesische Lehre hilft uns, die natürlichen Energieströme so zu lenken, dass wir Harmonie mit uns und unserer Umgebung erreichen. Die elementare Lebensenergie, das Chi, fließt in allem und jedem, sie verbindet die materielle mit der emotionalen und mentalen Ebene. Wir können diese Energie nicht sehen, aber fühlen. Machen wir uns dieses Prinzip bewusst, so ist uns klar, warum Unordnung, voll gestopfte Ecken und viele überflüssige Dinge in der Wohnung sich auf unsere Lebensumstände auswirken. Denn erst wenn das Chi in unserer Wohnung frei fließen kann, ohne durch überflüssige Dinge abgelenkt oder gestoppt zu werden, kann es auch in unserem Leben ungestört fließen.

Dieses Buch begleitet Sie

Dieses Buch soll Ihnen Wegweiser und Begleiter auf Ihrer Reise sein. Sie träumen vielleicht von mehr Liebe, Gesundheit, Erfolg, Freizeit, Freiheit oder möchten einfach etwas in Ihrem Leben ändern. Egal, in welcher Situation Sie sich persönlich gerade befinden – jetzt haben Sie die Chance, etwas zu tun. Sie können genau in diesem Moment innehalten, einen Schritt zurücktreten, Ihre momentane Lebenssituation überdenken und damit die Entscheidung für die Richtung fällen, in die Ihr Leben gehen soll. Aber wie trifft man diese Entscheidung?
Beginnen Sie mit der Bestandsaufnahme, finden Sie heraus, welcher Ordnungs- und Wohnungstyp Sie sind, und erfahren Sie, auf welche Weise Gerümpel und Unordnung Sie blockieren kann. Dann geht es ans Entrümpeln. Dabei hilft Ihnen die Vier-Kisten-Methode, die anhand von Checklisten Ihnen bewusst macht, was Sie wirklich brauchen und was Sie als unnötigen Ballast loslassen können. Als weiteres Hilfsmittel bekommen Sie einen 24-Stunden-Plan, der Ihnen zeigt, wie Sie Ihre Wohnung komplett ausmisten und aufräumen können. Zum Abschluss gibt es noch Tipps, wie in Ihre Wohnung und in Ihr Leben eine Art Glücksaura einziehen kann. Lassen Sie sich mitnehmen auf diese spannende Reise. Sie werden überrascht sein, wie leicht Ihnen die Veränderungen fallen werden.

Entrümpeln: eine Entdeckungsreise ins Ich

Entrümpeln befreit – es entsteht Raum für Neues in jeder Hinsicht. Wenn Sie der Unordnung in Ihrer Wohnung auf den Grund gehen, begeben Sie sich auf eine Reise ins Ich. Mit dem äußerlichen Aufräumen gelangen Sie zu innerer Klarheit, die Ihnen einen Weg zu dem weisen kann, der Sie wirklich sind.

Die Wirksamkeit des Ausmistens

Stapeln sich in Ihren Schränken und Kommoden Dinge, die Sie längst nicht mehr brauchen? Nimmt Ihnen der ganze Krempel bereits die Luft zum Atmen? Dann hat sich im Lauf der Jahre vermutlich so viel angesammelt, dass Sie die Übersicht verloren haben. Wenn auch noch Unerledigtes hinzukommt, wie unbezahlte Rechnungen, ein Papierberg auf dem Schreibtisch, wächst einem leicht alles über den Kopf. Höchste Zeit, Ordnung in das Chaos zu bringen.

Gerümpel, Unordnung und Ballast

Obwohl niemand dieses häusliche Chaos mag, leben wir doch damit und richten uns sogar darin ein. Denn es kostet große Überwindung, das längst Überfällige und Unerledigte endlich anzupacken. Das gilt für das Ausmisten des überfüllten Kleiderschranks ebenso wie für die Erledigung längst überfälliger Aufgaben. Leicht ist es dahingesagt: »Jemand kehrt Probleme unter den Teppich.« Doch wegschauen, zur Seite schieben oder zudecken löst die Probleme nicht. Unterschwellig oder im Verborgenen belasten sie unser Gemüt. Man mag gar nicht mehr in den Keller gehen, weil sich da so viele Dinge stapeln. Hinter dem häuslichen Gerümpel verbergen sich psychische Altlasten, die uns auf der Seele liegen, oftmals unbewusst oder unerkannt oder auch verdrängt.

Was wir haben, wollen wir behalten

Weggeben widerstrebt unserem Besitzerinstinkt: Was wir haben, geben wir nicht gerne wieder her. Dieser Mechanismus ist tief in unserer Psyche verankert und hat auch einen Namen: »Endowment-Effekt«, zu Deutsch »Besitzeffekt«. Dies bedeutet, dass ein Gut, nachdem es eine Person in Besitz genommen hat, unmittelbar wertvoller wird und die Rückgabe relativ schmerzhafter ist. Der Begriff »Besitzstandswahrer«, der in der Politik häufig kursiert, gehört dazu.
Wir bauen zu allem, was wir besitzen, eine Beziehung auf und können uns dann nur noch schwer davon trennen. Oft übersteigt dabei der ideelle Wert den eigentlichen Wert der Sache. Aber das Festhalten an den Dingen bedeutet nicht immer sinnvollen Besitz, sondern meist Kraftverlust: Ballast raubt Energie.

Festhalten bedeutet Stagnation

Energie ist eine Kraft, die allem und jedem innewohnt. Chi, die chinesische Bezeichnung für Lebensenergie, ist nur eine Variante davon. Im Feng Shui spielt der Chi-Fluss eine bedeutende Rolle. In voll gestopften oder unordentlichen Räumen kann die Energie nicht mehr ungestört fließen oder kommt ganz zum Erliegen. Wie bei Wasser, das in einem verstopften Rohr nicht mehr richtig abfließen kann, entsteht eine negative Kraft: Nichts läuft mehr.

So blockiert es Lebensenergie, wenn der Schrank voll gestopft ist mit Kleidung, die teilweise seit Jahren ungetragen dort hängt. Aber auch die Zeitschriftenstapel im Wohnzimmer, der Wust von noch abzuheftenden Belegen auf dem Schreibtisch oder die Kisten mit Korrespondenz aus den letzten zehn Jahren sorgen für Stagnation. Alles, was überflüssig, unerledigt und unordentlich ist, zählt zum Gerümpel, das blockiert und Energie zieht.

Von Überflüssigem trennen

Hand aufs Herz: Wann haben Sie zum letzten Mal die Ski benutzt, die im Keller verstauben? Wollen Sie die Hemden, die seit Monaten im Bügelkorb liegen, wirklich noch einmal tragen? Und was ist mit der Sammlung uralter Reiseführer und Landkarten oder mit den ungeliebten Geschenken von Ihrer Tante, die Ihren Geschmack einfach nicht trifft …? All diese Dinge brauchen Sie nicht. Sie benutzen sie nicht, Sie freuen sich nicht daran – diese Dinge sind überflüssig.

Alles, was Sie nicht mehr verwenden, nimmt nur Platz weg und ist Ballast. Bei Dingen, die Ihnen sowieso nie gefallen haben oder die Sie nicht mögen, sollte das Entsorgen keine Frage sein – Wollen Sie das wirklich in Ihrer Wohnung haben? Doch auch für die Dinge, die Ihnen einmal gute Dienste geleistet haben Sie aber nicht mehr verwenden, gilt: Trennen Sie sich davon, selbst wenn es Ihnen schwer fällt.

Unerledigtes abschließen

Unerledigte und halbfertige Dinge sind Ballast, sie halten einen in der Vergangenheit fest und verhindern, dass wir nach vorne blicken. Das Gefühl, nicht abgeschlossene Projekte im Rücken zu haben, wirkt belastend und bremsend. Neuanfänge sind kaum möglich. Das gilt für die längst überfällige Steuererklärung ebenso wie für den selbst gestrickten Pullover, dem nur noch die Ärmel fehlen, für die Fotos, die darauf warten, einsortiert zu werden, und für den Brief, den Sie seit Wochen schreiben wollen.

Wir können die Welt nicht ändern, aber unseren Blick darauf. Achtsamkeit heißt das Schlüsselwort: die volle Aufmerksamkeit auf die gegenwärtigen Umstände und das eigene Tun richten.

Die Gründe für das Zögern sind vielfältig, doch da leider keine gute Fee erscheinen wird, die den Ballast einfach wegzaubert, sind wir selbst gefragt. Je eher wir uns mit den unerledigten Dingen beschäftigen, umso schneller sind wir sie los. Dabei gilt es zu entscheiden, ob Sie etwas Unerledigtes endlich erledigen oder ob Sie beschließen, es nicht zu Ende zu führen und loszulassen.

Für das, was Sie erledigen müssen oder wollen, sollten Sie sich eine Frist setzen und es konsequent angehen. So durchbre-

chen Sie die Stagnation und schauen wieder nach vorne. Denken Sie an den wunderbaren Moment, wenn Sie die Arbeiten abgeschlossen haben, an das befreiende Gefühl, das sich unmittelbar einstellt.
Wenn Sie sich für das Loslassen entscheiden und zum Beispiel den halbfertigen Pullover einfach wegwerfen oder beschließen, den Brief nicht zu schreiben, sind Sie eine Belastung losgeworden, haben sich von einer Blockade befreit. Auch diese Entscheidung werden Sie als Glücksmoment erleben. Und nun kann es weitergehen!

Nur das Jetzt zählt!

Morgen, übermorgen, nächste Woche ganz bestimmt! Wir schieben Entscheidungen gerne vor uns her, vor allem, wenn es sich dabei um etwas Unangenehmes handelt. Aufräumen und Ausmisten zählen sicher nicht zu den Dingen, die wir unbedingt gleich und gerne machen. Doch es ist eine Illusion, in der Zukunft mehr Zeit oder Lust dafür zu haben. Und alles, was wir verdrängen, wegschieben oder wovor wir uns drücken, wird mit voranschreitender Zeit nur noch unangenehmer. Je mehr der Papierberg oder das Gerümpel anwächst, umso geringer wird die Lust, sich endlich damit zu beschäftigen. Manchmal warten wir so lange, bis uns die Dinge wirklich über den Kopf wachsen.

Den Blick auf die Gegenwart richten

Den meisten von uns fällt es viel leichter, in der Zeit zu leben, die gar nicht da ist, als in der realen Jetztzeit. Wir schwelgen in Erinnerungen und sind mit dem ständigen Blick auf die Armbanduhr zeitlich immer schon einen Schritt weiter. Aber dabei können wir gar nicht wissen, ob es das Nachher, das Morgen oder die nächsten Monate für uns noch gibt. Alles, was wirklich ist, ist der Augenblick, in dem wir gerade sind. In unserer westlich geprägten Gesellschaft neigen wir jedoch dazu, den Blick mehr nach hinten zu richten und Vergangenem nachzutrauern sowie die Zukunft zu planen und dabei die Gegenwart zu vergessen.
Wir schmieden Pläne, verschieben Entscheidungen oder die Verwirklichung von Träumen auf die ferne Zukunft: Später, wenn ich die Schule hinter mir habe, wenn ich mal verheiratet bin, wenn die Kinder aus dem Haus sind etc. Doch es kommt erfahrungsgemäß immer anders, als man denkt. Sicher ist nur: Das Leben findet jetzt, genau in diesem Augenblick und an diesem Ort statt.

Ständige Rückschau bedeutet Stillstand. Um unbelastet weiterzugehen, hilft Ausmisten – ganz wörtlich genommen. Denn wer ausräumt, schafft Platz für Neues.

Wenn wir unsere vier Wände unter die Lupe nehmen und mal einen Blick in Kisten, Schubladen oder Schränke werfen, entdecken wir dort oft das, was uns von der Gegenwart ablenkt. Den unbeantworteten Brief oder die nicht bezahlten Rechnungen haben wir in die Zukunft verschoben. Warum eigentlich? Die alten Schulunterlagen oder die Liebesbriefe des Expartners halten uns dagegen in der Vergangenheit fest. Wann wollen wir das Vergangene denn endlich abschließen?

Entrümpeln und Ordnung schaffen

Grundsätzlich kann überall, wo Unordnung herrscht und überflüssige Dinge existieren, die Energie nicht frei fließen. Im Haus oder in der Wohnung sind Schränke, Kommoden, Regale, Kisten oder Abstellkammern Orte für derartige Blockaden. Der Name Stauraum drückt exakt aus, worum es sich dabei handelt: um gestaute Energie. Deckel drauf oder Tür zu? Das löst aber das Problem nicht. Alles, was sich hier angesammelt hat, steht für Unerledigtes oder Unbewältigtes in unserem Leben.

Um dies zu lösen, muss zum einen entrümpelt werden: Entsorgen Sie möglichst viele Dinge. Zum anderen muss Ordnung geschaffen werden: Das, was Sie behalten, wird aufgeräumt und ordentlich verstaut.

Äußere Ordnung führt zu innerer Klarheit

In äußeren Lebensbereichen ganz praktisch Ordnung zu schaffen hilft meist auch dabei, das innere Chaos in den Griff zu bekommen. Denn wie beschrieben, geht der Prozess des Ausmistens mit einem inneren Klärungsprozess einher. Am Ende sind Sie innerlich und äußerlich von Ballast befreit und haben wieder freie Sicht auf das, was wichtig ist. Fehlt es Ihnen also an Über- oder Durchblick im Alltag, in der Beziehung oder im Beruf, kann es sehr hilfreich sein, erst einmal zu Hause für Durchblick zu sorgen.

Kann denn Ordnung Sünde sein?

Eine repräsentative Umfrage der Zeitschrift »Das Haus« ergab: 60 Prozent der Deutschen meinten, wer keine Ordnung lerne, bekomme sein Leben nie in den Griff. Jeder Vierte bekannte sich sogar zu pedantischem Verhalten: Bei 24 Prozent darf nichts in der Wohnung herumliegen. Ungemütlich soll es aber nicht wirken, für eine Ecke mit privatem Krempel plädierten im Schnitt 58 Prozent: 61 Prozent der Frauen und 54 Prozent der Männer waren der Ansicht, dass eine Wohnung ganz ohne Kleinkram unpersönlich sei. Bei jedem Fünften, nämlich 18 Prozent, ist das häusliche Chaos Ursache für Streit in der Partnerschaft. 21 Prozent der Frauen und 15 Prozent der Männer gaben zu, dass sie die Unordnung ihres Partners kaum ertragen können, ihre eigene störe sie aber weniger.

Beim Thema Ordnung scheiden sich also die Geister, denn selbst wenn sie grundsätzlich als erstrebenswert gilt, so ist der Grad der Ausprägung entscheidend. Auch als Konfliktpotenzial in einer Beziehung sollte man dieses Thema nicht unterschätzen. Dabei ist das Ordnungsempfinden nur zum Teil eine Frage des Charakters – Erziehung und Gewohnheit spielen ebenfalls eine große Rolle, wie die

Psychologin Dr. Doris Wolf im Interview erläutert (siehe Seite 20f.).
In jedem Fall wird das Thema Ordnung mehr von den individuellen Gefühlen als von rationalen Erwägungen bestimmt, wie auch die Tatsache zeigt, dass das eigene Chaos von vielen als weniger störend empfunden wird als fremde Unordnung.

Und was trifft auf Sie zu?

Wie sieht es mit Ihrem Ordnungssinn aus? Machen Sie eine Bestandsaufnahme und finden Sie heraus, welcher Ordnungstyp Sie sind. Mithilfe des Tests auf den folgenden Seiten können Sie Ihrer Einstellung zur Ordnung auf den Grund gehen. Diese äußert sich in mehr als nur darin, ob das Wohnzimmer aufgeräumt ist oder nicht. Die Art, wie sich jemand organisiert, wie sich jemand darstellt etc. gibt ebenfalls Hinweise darauf, wie wichtig einem Menschen Ordnung ist. Erfahren Sie, was Ihre Einstellung zur Ordnung über Ihren Charakter und Ihr Gefühlsleben verrät. So sind Menschen, die Ordnung halten, in der Regel auch gewissenhaft und diszipliniert, während ein eher schlampiger Mensch im Vergleich oft kreativer und temperamentvoller ist. Der Test verrät Ihnen auch, vor welchen Fallen Sie sich in Acht nehmen müssen und wie es Ihnen gelingt, Extreme zu vermeiden. Ordnungsliebe soll nicht zum beherrschenden Selbstzweck werden. Vielmehr geht es darum, die eigene Lebendigkeit und Individualität zu entfalten.

Müll besitzt magnetische Anziehungskraft

Der amerikanische Kriminologe James Wilson stand einmal vor einem Haus und sah, dass ein Fenster zerbrochen war. Nichts Besonderes, dachte er sich, denn das Haus stand zur Hälfte leer. Wilson ging in den nächsten Wochen immer wieder an dem Haus vorbei und bemerkte, dass erst zwei, dann drei, dann fünf und bald alle Fenster eingeschlagen waren und dass sich um das Haus dunkle Gestalten herumtrieben. Wilson schrieb das auf und lieferte 1982 der Kriminologie die bis heute gültige BROKEN-WINDOW-THEORIE. Diese besagt: Wenn ein kaputtes Fenster nicht repariert wird, denken alle, man könne ruhig ein zweites kaputtschmeißen. Diese Theorie trifft auch auf unsere Unordnung zu.
Kaputtes, Gerümpel oder Müll haben Sogwirkung wie ein Magnet. Legen Sie irgendwo etwas für eine spätere Bearbeitung beiseite, wächst der kleine »Haufen« ruckzuck zu einem Berg an. Wenn Sie etwas achtlos auf den Boden werfen, finden Sie am nächsten Tag an dieser Stelle noch mehr weggeworfene Dinge. Unerledigtes oder Unaufgeräumtes haben eine eigenartige Sogwirkung; beides wird nie weniger und schon gar nicht von selbst. Es vermehrt sich und damit das Unbehagen. Die BROKEN-WINDOW-THEORIE bestätigt dieses Phänomen.

Test

Welcher Ordnungstyp sind Sie?

Manche lieben es aufgeräumt und brauchen klare Strukturen, andere pflegen das kreative Chaos. Wie stehen Sie zu diesem Thema? Finden Sie es heraus: Kreuzen Sie an, welche Antworten bei den folgenden Fragen am ehesten auf Sie zutreffen.

1. *Wie sieht es bei Ihnen zu Hause aus?*

C) Ich brauche meine eigene Ordnung, um mich entfalten zu können.

B) Weil ich nichts wegwerfen kann, ist meine Wohnung ziemlich voll gestellt und ich verliere leicht den Überblick.

A) Ich habe es gerne aufgeräumt; bei mir hat alles seine Ordnung.

D) Ordnung ist mir nicht so wichtig, Hauptsache mein Zuhause ist funktional.

2. *Welchem Motto bezüglich Ordnung können Sie sich am ehesten anschließen?*

B) »Ich hätte gerne mehr Ordnung, bin damit aber überfordert.«

C) »Ich bevorzuge den Mix aus Ordnung und kreativem Chaos.«

D) »Ordnung ist nur etwas für Spießer.«

A) »Ordnung ist das halbe Leben.«

3. *Wie sehen Sie sich selbst in engen Beziehungen?*

D) Ich kann mich gut auf andere einlassen und vergesse darüber manchmal meine eigenen Interessen.

B) Ich kann mich nicht so gut durchsetzen und orientiere mich an meinem Gegenüber.

A) Im Wesentlichen bestimme ich für andere mit, wo es langgeht.

C) Ich gehe wenig auf andere ein und mache mein Ding.

4. *Wie sehen Sie Ihre Position in Ihrem sozialen Umfeld?*

D) Ich treffe mich fast ausschließlich mit Leuten, die meine Interessen teilen.

A) Ich kann mich schnell integrieren und verfolge dennoch meine persönlichen Ziele.

B) Ich mache mir häufig Gedanken darüber, was andere über mich denken.

C) Wenn ich in Gesellschaft bin, kann ich richtig aufdrehen.

5. *Etwas Unerwartetes kommt auf Sie zu, wie reagieren sie?*

A) Ich analysiere sofort die Situation und versuche schnell, einen neuen Plan zu entwerfen.

C) Ich kann mich schnell auf Neues einstellen, gerade das macht doch das Leben spannend.

D) Ich komme kurzfristig ins Stocken und konzentriere mich dann auf etwas anderes.

B) Ich fühle mich erst einmal überfordert und brauche einige Zeit, um mich zu orientieren.

6. *Wenn Sie eine Aufgabe zu einem bestimmten Zeitpunkt zu erfüllen haben, wie gelingt Ihnen das?*

B) Ich weiß oft nicht, wie und wo ich anfangen soll.
A) Ich bin so klar strukturiert, dass ich die Aufgabe meist noch vor der Frist erledigt habe.
D) Ich habe manchmal zu viele Sachen auf einmal zu erledigen, um alles rechtzeitig fertig zu stellen.
C) Jeder gesetzte Termin lässt sich noch schieben.

7. *Ich habe einen Beruf …*

A) … in dem meine Karriere langfristig planbar ist.
B) … den ich mir nicht wirklich ausgesucht habe.
C) … in dem die Kreativität im Vordergrund steht.
D) … der meinen Idealen und Interessen entspricht.

8. *Wie wirken Sie, wenn Sie in der Öffentlichkeit auftreten?*

D) Ich werde aufgrund meines Äußeren leicht unterschätzt, kann meine Meinung aber gut vertreten.
C) Ich bin mir meiner Sache sicher, auch wenn ich mich bei anderen damit unbeliebt mache.
B) Ich bin eher unentschlossen, andere halten mich für unsicher.
A) Ich wirke nach außen selbstbewusst, obwohl ich das innerlich manchmal nicht bin.

Ordnungstypen – Auswertung

Notieren Sie hier, wie oft Sie welchen Buchstaben angekreuzt haben.

A) = 6 mal
B) = 1 mal
C) = 1 mal
D) = ___ mal

Der Buchstabe, den Sie am häufigsten angekreuzt haben, bezeichnet, welcher Ordnungstyp Sie sind. Haben Sie zwei Buchstaben gleich oft gewählt, lesen Sie unter beiden Typen nach.

Überwiegend A) = der ordnungsliebende Typ
Überwiegend B) = der ambivalente Typ
Überwiegend C) = der unabhängige Typ
Überwiegend D) = der engagierte Typ

A Der ordnungsliebende Typ: »Ordnung muss sein«

Sie sind ein ordentlicher, gewissenhafter Mensch. Sie lieben und brauchen Ordnung, sie verschafft Ihnen innere Sicherheit. Unordnung erschwert Ihnen die Orientierung im Dschungel der Gefühle. Vieles von dem, was Sie erreichen, verdanken Sie Ihrer Bereitschaft, überdurchschnittliche Leistungen zu erbringen. Sie setzen sich selbst stets hohe Standards und gehen strukturiert an Ihre Aufgaben heran. Ihre hohen Ansprüche stellen Sie auch an die Menschen Ihrer Umgebung, die sich dadurch manchmal unter Druck gesetzt fühlen können. Sie sind klar und zielstrebig, was auf andere auch dominant wirken kann.

Wenn Sie fast ausschließlich **A** angekreuzt haben, sollten Sie Ihre Standards überprüfen: Durch Ihre festen Vorstellungen, wie das Leben funktioniert, verlieren Sie an Flexibilität. Trauen Sie sich mehr Individualität zu, seien Sie auch mal spontan, damit Ihre schöpferische Seite zur Geltung kommt.

Nach **Feng Shui** bedingen sich äußere Umgebung und das innere Wohlbefinden gegenseitig. Daher fördert Ordnung im Äußeren auch die innere Klarheit. Feng Shui heißt aber auch, den natürlichen Lauf der Dinge zu akzeptieren. Natur und Leben sind geprägt von ständiger Veränderung, wir verändern uns in jeder Sekunde. Ordnungsliebe sollte daher nicht zum Selbstzweck werden und uns beherrschen. Geben Sie Ihrer Lebendigkeit und Individualität genügend Raum zur Entfaltung. Mit Chaos hat das noch lange nichts zu tun!

B Der ambivalente Typ: »Ich suche den Überblick«

Sie würden gerne mehr Ordnung halten, was Ihnen dadurch erschwert wird, dass Sie Dinge schlecht loslassen können. Ordnung steht eben nicht an erster Stelle auf Ihrer Agenda. Sie haben gerne andere Menschen um sich, und in dem Bemühen, anderen nicht auf die Füße zu treten, stellen Sie Ihre Wünsche auch einmal hinten an. Ihr Interesse ist breit gefächert, dadurch halten Sie sich viele Möglichkeiten offen und lassen anderen Raum für deren Entfaltung. Da Sie sich jedoch ungern festlegen, sind Sie vielen Dingen gegenüber ambivalent und verzetteln sich leicht.

Wenn Sie fast ausschließlich **B** angekreuzt haben, sollten Sie Folgendes beachten: Versuchen Sie Ihre Vorhaben konkreter zu planen und Schritt für Schritt umzusetzen. So können Sie Ihre Ziele besser verfolgen. Lassen Sie sich Zeit zu überlegen, was Sie wirklich wollen. Trauen Sie sich selbst mehr zu und lassen Sie sich weniger von äußeren Begebenheiten oder Personen beeinflussen.

Harmonie im Sinne von **Feng Shui** entsteht, wenn Innen und Außen im Einklang stehen. Das bedeutet auch, die eigenen Gefühle wahrzunehmen und angemessen zum Ausdruck zu bringen. Wer seine Gefühle zum Beispiel zugunsten anderer zurückstellt, erlebt nur scheinbare Harmonie. Das Verdrängte löst sich nicht in Luft auf. In irgendeiner Nische schlummern die Gefühle weiter und drängen nach oben, wie die Lava eines Vulkans. Wer an Dingen festhält, weil er Angst vor dem Loslassen hat, fürchtet sich vor seinen Gefühlen und unterdrückt diese. Feng Shui kann hier als Wegweiser durch die Gefühlswelt fungieren und dabei helfen, sich entscheiden zu lernen. Ausmisten und Aufräumen mithilfe der Vier-Kisten-Methode (siehe Seite 34ff.) nimmt spielerisch die Angst vor den eigenen »unaufgeräumten« Gefühlen.

C Der unabhängige Typ: »Ich bin anders«

Sie sind ein Individualist: Sie sind nicht ordentlich im klassischen Sinne, sondern entwerfen Ihre eigene Ordnung. Auf andere kann dies chaotisch wirken, für Sie ist das essenziell, um sich entfalten

zu können. Sie sind äußerst flexibel und brauchen die Abwechslung. Kreativität und Offenheit gegenüber neuen Erfahrungen stehen bei Ihnen im Vordergrund. Sie knüpfen leicht Kontakte, geben sich extravertiert und stehen gern im Mittelpunkt. Sie leben nach Ihren eigenen Regeln, was Ihnen das Einhalten von Abmachungen erschwert und auf andere selbstbezogen wirken kann.
Wenn Sie fast ausschließlich **C** angekreuzt haben, sollten Sie versuchen, Ihre Mitmenschen mehr in Ihren Blickwinkel zu rücken. Um die Menschen, die Ihnen wichtig sind, nicht vor den Kopf zu stoßen, räumen Sie diesen mehr Platz in Ihrem Leben ein. Vielleicht kann das Ihre Kreativität sogar beflügeln.

Das Ziel von **Feng Shui** ist Harmonie. Doch für ein harmonisches Miteinander braucht es Rücksicht und Respekt. Wenn im Zusammenleben das Ordnungsverhalten allzu unterschiedlich ist, sind Konflikte vorprogrammiert. Hier ist es notwendig, zu verhandeln und Kompromisse zu schließen. Jeder hat ein Recht auf seinen eigenen Platz, den er gestaltet, wie er möchte. Doch schauen Sie sich Ihr »kreatives Chaos« einmal ganz unvoreingenommen an. Kann die Energie hier wirklich fließen? Ist Ihre individuelle Ordnung wirklich kreativ, oder nicht auch verwirrend oder blockierend?

D Der engagierte Typ: »Ich bin der Rebell«

Ordnung ist für Sie Nebensache, Sie haben Wichtigeres zu tun. Menschen, die zu viel Wert auf Ordnung legen, sind Ihnen suspekt. Sie sind eher der zupackende Typ: Mit Ihnen kann man im sprichwörtlichen Sinne Pferde stehlen. Äußerlichkeiten sind Ihnen generell nicht wichtig, für Sie zählen innere Werte. Sie engagieren sich für das, was Sie für wichtig halten. Dabei kann es schon mal vorkommen, dass man Ihnen vorwirft, Sie seien ein naiver Weltverbesserer. Andere Menschen schätzen an Ihnen, dass Sie sich kümmern, aktiv und interessiert sind und etwas verändern wollen. Sie lassen sich nicht leicht von Ihrem Weg abbringen. Bei all Ihrem Engagement neigen Sie aber dazu, sich selbst und Ihr näheres Umfeld aus dem Blick zu verlieren.
Wenn Sie fast ausschließlich **D** angekreuzt haben, sollten Sie einmal genauer hinschauen, was direkt um Sie herum passiert. Die Aufmerksamkeit, die man sich selbst und anderen im Kleinen zukommen lässt, erleichtert die Umsetzung von Zielen in einem größeren Rahmen.

Nach **Feng Shui** unterliegt alles im Leben einem Ordnungsprinzip, auch wenn es noch so willkürlich erscheint. Ordnung ist wichtig, und wenn dies ignoriert wird, geht die Harmonie verloren, die allem innewohnt. Das erfordert keinen absoluten Perfektionismus oder Erstarrung. Doch die Balance muss stimmen. Wird die Bedeutung von Ordnung ignoriert, macht sich Unordnung breit, die immer mehr Unordnung nach sich zieht. Auch wenn der Blick auf »größere Dinge« gerichtet ist, sammelt sich das Gerümpel an. Ordnung im Äußeren ist eng verbunden mit Ordnung im Inneren. Wer außen Chaos zulässt, wird seine innere Klarheit trotz allen Engagements einbüßen.

Interview

Geht das in Ordnung?

Schlamper oder Sauberfrau – jeder Mensch hat seine eigene Vorstelllung von Ordnung. Für Paare kann dies zum Problem werden und Grund für Streitigkeiten und Krisen sein. Ob wir ordentlich sind oder nicht, ist jedoch weniger Wesensart, sondern vielmehr ein Resultat von Erziehung. Was wir als Kind in Sachen Ordnung lernen, bleibt uns ein Leben lang. Trotzdem können wir im Laufe unseres Lebens dazulernen und alte Gewohnheiten verändern. Dafür braucht es jedoch einen starken Anreiz.

Interview mit Dr. Doris Wolf

Doris Wolf ist Diplom-Psychologin und Paartherapeutin. Sie lebt und arbeitet in Mannheim und hat zahlreiche Ratgeber und Artikel veröffentlicht (www.doris-wolf.de). In dem Interview erläutert sie, was die Einstellung eines Menschen zur Ordnung mit seiner inneren Einstellung zu tun hat.

Der eine räumt auf, der andere liebt das Chaos. Ist das eine Frage der Erziehung, des Charakters oder der Gene?

Es ist eine Kombination. Die erblich bedingte Veranlagung kann durch das Einwirken der Eltern beeinflusst werden. In der Psychologie kennen wir fünf grundsätzliche Persönlichkeitsdimensionen, »Big Five« genannt, nach denen sich Menschen weltweit unterscheiden lassen. Dazu gehören Gewissenhaftigkeit, Verträglichkeit, Extraversion, Neurotizismus und Offenheit für Erfahrungen. Gewissenhafte Menschen sind in der Regel pünktlich, verlässlich und auch ordentlich. Trotzdem setzen Eltern Standards, die Kinder lernen und verinnerlichen. Diese Maßstäbe werden mit starken Gefühlen gekoppelt und verankert. Meist vermittelt die Mutter ein bestimmtes Ordnungsmodell, indem sie zum Beispiel Ordentlichkeit belohnt und Unordnung bestraft. Haben wir gelernt, dass Ordnung gut ist, bleiben wir diesem Maßstab treu und verteidigen ihn auch gegen andere.

Kann dieses erlernte Verhalten später noch verändert werden?

Ja, das ist möglich, aber es muss dafür die innere Bereitschaft vorhanden sein. Für eine Verhaltensveränderung braucht es einen starken Anreiz. Unter Zwang wird es nicht gelingen, einen Erwachsenen, der schlampig ist, zur Ordentlichkeit zu bewegen. Wer Unordnung gewöhnt ist und deswegen kritisiert wird, reagiert wütend. Wir empfinden die Ordnungsansprüche beispielsweise in einer Beziehung durch den Partner als unberechtigt und verweigern uns. Genauso verhält es sich umgekehrt. Wir reagieren verletzt, wenn unsere Ordnungsliebe durch einen unordentlichen Menschen gestört wird. Die Gefühle, die wir mit dem jeweiligen Standard verbinden, sind sehr stark. Ohne die Bereitschaft, sich zu ändern, funktioniert es deshalb nicht.

Ordnungsliebe oder Schlampigkeit – verrät das etwas über innere Einstellungen?

Ja. Ohne es verallgemeinern zu wollen, kann man doch sagen, dass Ordnungsliebe ein Charakterzug von Menschen ist, die gewissenhaft und ehrgeizig sind und hart arbeiten, um ihre Ziele zu erreichen. Menschen, die spontan und offen gegenüber Neuem sind, tendieren dagegen mehr zur Unordentlichkeit. Günstig ist eigentlich ein Mischtyp: Man ist ordentlich in Bereichen, in denen es wichtig ist, aber nicht zwanghaft, sondern kann auch bei Bedarf flexibel reagieren und nachlässig sein, ohne dass gleich alles aus dem Ruder läuft.

Viele mögen Unordnung nicht, leben jedoch damit und richten sich sogar darin ein. Woran liegt das?

Dafür gibt es unterschiedliche Gründe. Manche empfinden angesichts der Unordnung Ratlosigkeit und denken: »Ich weiß nicht, wo ich anfangen soll, ich schaffe das nicht, ich habe kein System.« Es kann auch eine geringe Frustrationstoleranz vorliegen; dann wird die Unordnung verdrängt: »Das ist mir zu viel, ich kann mir das nicht antun und lasse es lieber.« Auch Angst vor Fehlern kann ein Grund sein. Aus Furcht, eine falsche Entscheidung zu treffen, zum Beispiel das Falsche wegzuwerfen, handeln Menschen mit Versagensängsten lieber gleich gar nicht. Andere rebellieren damit gegen Eltern oder Erzieher, die sie früher einmal zur Ordnung gezwungen haben. Deshalb verweigern sie sich heute immer noch.

Warum schieben wir Unangenehmes oder Lästiges – wie zum Beispiel Aufräumen und Ausmisten – oft so lange wie möglich hinaus und was kann man dagegen tun?

Der erste Schritt ist, die Motive herauszufinden, die dahinterstecken. Hindert uns die Angst vor Fehlern oder falschen Entscheidungen, dann tun wir lieber nichts, weil wir so auch keine Fehler begehen können. Hier hilft es, die Einstellung zu verändern und sich klar zu machen, dass jeder Fehler macht und machen darf. Wir lernen ja daraus. Menschen mit geringer Frustrationstoleranz sollten den Blick auf das richten, was sie gewinnen, und sich eine Belohnung in Aussicht stellen. Wer immer noch gegen frühere Erfahrungen rebelliert und sich verweigert, sollte sich bewusst machen, dass er damit nicht agiert, sondern nur reagiert. Der Umkehrschluss wäre sinnvoll: »Jetzt tue ich es, aber aus freien Stücken, weil es mir gut tut.« Leichter fällt der Einstieg auch, wenn man sein Handeln als kleines Experiment ansieht, nach dem Motto »Ich probier das mal aus« – ohne gleich Perfektion zu erwarten. Wer den ersten Schritt wagt, merkt meist schnell, dass etwas vorangeht. Kleine, zeitlich begrenzte Handlungseinheiten verhelfen zudem schneller zu einem Erfolgserlebnis.

»Nur die Weisesten
und die Dümmsten
können sich nicht ändern.«
Konfuzius

Du bist, wie du wohnst!

Wie jemand wohnt, sagt sehr viel über einen Menschen aus, über seine Wertvorstellungen, seine Einstellung zum Leben, seinen Charakter. Dabei geht es nicht darum, ob jemand modern eingerichtet ist oder Gelsenkirchener Barock bevorzugt oder wie viel Geld man für Möbel und Accessoires ausgibt. Viel aufschlussreicher ist der persönliche Einrichtungsstil: Sind die Möbel liebevoll ausgesucht oder zufällig zusammengewürfelt – unabhängig vom Preis? Ist die Wohnung voll gestopft mit Möbeln und Kleinkram oder sind Einzelstücke mehr oder weniger dekorativ platziert? Sind die Sachen gut in Schuss und gepflegt oder wackelt auch mal ein Stuhlbein und ist der Tisch übersät mit Flecken? Ganz abgesehen davon, dass ein Blick ins Bücherregal, auf die CD- oder DVD-Sammlung viel über den Bewohner aussagen kann.

Harmonisches Zusammenleben

Als weiterer Aspekt ist zu beachten, wie viele Menschen in der Wohnung oder in dem Haus leben. Hier können Einrichtung und Dekoration sehr viel über die Beziehung zwischen den Bewohnern verraten.

Wenn ein Liebespaar das erste Mal in eine gemeinsame Wohnung zieht, werden in der Regel auch zwei verschiedene Haushalte zusammengeworfen. Jeder muss sich dann von einigen Möbelstücken und Accessoires trennen, denn niemand braucht alles doppelt. Hier erfahren Paare eine Bewährungsprobe: Jeder muss loslassen zugunsten der neuen Gemeinschaft, aber jeder muss auch etwas von den Sachen des anderen akzeptieren, auf die dieser nicht verzichten will oder kann. Dazu gesellen sich die unterschiedlichen Vorstellungen von Ordnung und Aufräumen. Das Ergebnis – die neue, gemeinsame Wohnung – spiegelt dann auch den aktuellen Zustand der Beziehung dieses Paares wider. Für beide Beteiligten ist das Zusammenstellen der Einrichtung aus zwei verschiedenen Haushalten eine Entdeckungsreise und ein Reifeprozess – mit offenem Ausgang. Denn vieles wird sich an der Einrichtung und Gestaltung des gemeinsamen Zuhauses noch verändern, schließlich verändern sich auch die Partner mit der Zeit und damit die Beziehung. Vielleicht verschwinden nach und nach einige »billige« Möbel zugunsten edler Teile, weil inzwischen mehr Geld zur Verfügung steht. Vielleicht weichen »antike« Stücke vom Flohmarkt moderneren Möbeln. Überlegen Sie einmal selbst, wie sich Ihre Einrichtung im Lauf der Jahre gewandelt hat und was dahintersteckt.

Familie unter einem Dach

Wenn aus einem Paar dann eine Familie wird, weil Nachwuchs dazukommt, erlebt das gemeinsame Zuhause eine erneute, dramatische Veränderung. Vielleicht muss das bisherige Gästezimmer, das mehr Abstell- oder Rumpelkammer war, einem Kinderzimmer weichen. Dann sind die Eltern gefordert, sich von manchem Kram zu trennen, auszumisten und aufzuräumen. Schließlich braucht man nun mehr Platz. Im Lauf der Jahre, wenn vielleicht noch mehr Kinder oder Mitbewohner dazugekommen und aus Kindern Teenager geworden sind, wächst das Haus oder die Wohnung mit und verändert sich.

Jeder Bewohner prägt seine eigenen Räume, trägt aber auch zur Atmosphäre in den gemeinsam genutzten Bereichen und damit im ganzen Haus bei. Dabei wird das Zimmer eines Teenagers sicher anders aussehen als das Schlafzimmer der Eltern. Vielleicht herrscht im Zimmer des Heranwachsenden Chaos – doch es könnte auch genau umgekehrt sein und das Zimmer des Teenagers ist picobello aufgeräumt, während sich im Elternschlafzimmer Bügelwäsche etc. türmt.

Innere Klarheit und äußere Ordnung sind nicht von den Lebensjahren abhängig, sondern vom Zustand der eigenen Seele.

Gerümpel blockiert die Energie

Im Feng Shui geht es deshalb noch einen Schritt weiter: Am Zustand einer Wohnung ist zu erkennen, ob die Bewohner mit sich selbst im Reinen sind, ob sie sich entfalten können. Unordnung und voll gestopfte Ecken stehen für Energieblockaden, die sich auf alle Lebensbereiche auswirken können. Mithilfe von Feng Shui können wir den Fluss der Energie in unserer Umgebung so lenken und in Balance bringen, dass es uns gut geht, wir uns frei entwickeln und das Leben in vollen Zügen genießen können.

Unser häusliches Chaos sorgt für einen Energiestau und blockiert unser Wohlbefinden auf geistiger und körperlicher Ebene. Umgekehrt heißt dies jedoch: Wenn die Partnerschaft kriselt, die Karriere stockt, das Geld immer knapp ist oder es mit der Gesundheit nicht zum besten steht, dann kann das Gerümpel in der Wohnung dahinterstecken. Wer Probleme wie diese kennt, sollte die eigenen vier Wände einmal genau unter die Lupe nehmen.

Stimmungen, Einstellungen und auch Fehler, die uns bei anderen Menschen sofort ins Auge springen, nehmen wir bei uns selbst oft gar nicht wahr. Es ist, als würde man zu dicht vor einem großen Gemälde stehen und nur noch tanzende Farbkleckse wahrnehmen. Fragen Sie doch einmal einen guten Freund, was er empfindet, wenn er sich in Ihrem Heim aufhält. Ermuntern Sie ihn, ehrlich seine Gefühle zu beschreiben. Findet er Ihre Wohnung oder Ihr Haus gemütlich oder eher kühl, sehr persönlich oder eher durchgestylt, reduziert oder extravagant? Fragen Sie ihn auch nach seinem Lieblingsplatz in Ihrem Zuhause. Das kann Aufschluss über Sie selbst geben, aber natürlich auch über Ihren Freund. Und vergessen Sie nicht, dass es hier um einen ganz individuellen Eindruck geht, nicht um ein sachlich begründetes Urteil.

Treten Sie nun selbst einen Schritt zurück und lassen Sie aus der Entfernung den Blick durch Ihr Zuhause schweifen. Stellen Sie sich zum Beispiel in die Tür zu Ihrem Wohnzimmer und schauen Sie sich im Raum um: Quellen Bücherregal, Couchtisch und Vitrine über vor lauter Kram? Besitzen Sie viele wertvolle Stükke, die Sie anderen gerne zeigen? Worauf fällt Ihr Blick als Erstes? Welches Gefühl haben Sie, wenn Sie den Raum anschauen? Fühlen Sie sich zum Beispiel geborgen, stolz, neutral, unzufrieden, genervt? Im Test auf den folgenden Seiten erfahren Sie, welcher Wohnungstyp Sie sind.

Test

Welcher Wohnungstyp sind Sie?

Sehen Sie sich in Ihrer Wohnung um: Fühlen Sie sich hier wohl? Haben Sie das Gefühl, die Einrichtung, das Ambiente entspricht Ihren Bedürfnissen und Ihrem Charakter? Vielleicht hätten Sie gerne mehr Ordnung, haben aber kein System? Oder Sie sind ein Opfer Ihrer eigenen Ordnungsliebe und wünschen sich, auch mal was liegen lassen zu können? Möglicherweise nervt Sie auch der Stilmix, der Ihnen zu unruhig ist, oder Sie würden die langweilige Einrichtung gerne neu gestalten, weil Sie die Abwechslung lieben. Mit diesem Test finden Sie heraus, was Ihr Wohnambiente über Ihr Wesen verrät. Kreuzen bei jeder Frage möglichst spontan die Antwort an, die Ihnen am meisten entspricht. In der Auswertung erfahren Sie, welcher Wohnungstyp Sie sind, und die Feng-Shui-Analyse kann Ihnen dann dabei helfen, Ihren Wohnstil zu optimieren.

1. Welche Arten von Möbeln befinden sich in Ihrer Wohnung?

B) Ich besitze einige exklusive Stücke und mische verschiedene Stile.
C) Mein Mobiliar ist eher alt und bunt zusammengewürfelt.
D) Ich besitze einige schöne Stücke, aber auch ganz schlichte Möbel, die nicht aufeinander abgestimmt sind.
A) Meine Möbel sind perfekt aufeinander abgestimmt, und zwar sowohl in Stil, Materialien als auch in Farben.

2. Wie wichtig sind Ihnen Wohnaccessoires?

A) Zu viele Accessoires bringen nur Unruhe in meine Wohnung.
D) Ich habe eigentlich schöne Sachen, die aber oft nicht zusammenpassen.
B) Ich präsentiere meine individuellen Stücke bewusst, damit kann ich zeigen, was mich ausmacht.
C) Ich habe fast zu viel Krimskrams, aber jedes einzelne Teil ist mir wichtig.

3. Wie würden Sie Ihren Einrichtungsstil beschreiben?

B) kreativ, individuell, teils unruhig
D) lebendig, gemischt, teils unharmonisch
A) systematisch, klassisch, in sich stimmig
C) chaotisch, gemütlich, im Übergang befindlich

4. Wie halten Sie es mit dem Aufräumen?

D) Ich sollte öfter aufräumen, aber mir fehlt die Motivation, sodass die Unordnung meistens siegt.
C) Schön, wenn es ordentlich wäre, ich weiß nur nicht, wo ich mit dem Aufräumen anfangen soll. Also lasse ich es meist von vorneherein bleiben.
A) Mir ist wichtig, dass meine Wohnung aufgeräumt ist. Ich brauche und liebe Ordnung.
B) Es gibt Wichtigeres, als ständig nur aufzuräumen. Hauptsache, ich finde mich zurecht.

5. Mit der Zeit sammeln sich immer mehr Dinge in Ihrer Wohnung an. Wie gehen Sie damit um?

C) Ich trenne mich nur ungern von Dingen; wer weiß, ob ich sie noch einmal brauchen kann.

D) Ich brauche einen besonderen Anlass (z. B. Umzug), um auszumisten.

B) Was nicht zu meinem Stil passt, kommt gar nicht erst in meine Wohnung.

A) Ich schaue regelmäßig, was ich nicht mehr brauche, und trenne mich dann davon.

6. Nach welchen Kriterien wählen Sie die Möbel und Accessoires für Ihr Zuhause aus?

A) Der Stil soll stimmen, es darf ruhig etwas kosten.

C) Bevor ich einkaufen gehe, schaue ich bei Bekannten oder auf Flohmärkten, ob ich was Gebrauchtes finde.

D) Die Dinge sollen schön und funktional sein, dürfen aber nicht viel kosten.

B) Ich bin immer auf der Suche nach etwas Einzigartigem.

7. Wie zufrieden sind Sie mit Ihrer derzeitigen Wohnungseinrichtung?

C) Ich bin nicht ganz zufrieden, weil ich mich eingeengt fühle.

B) Mir gefällt meine Einrichtung, weil sie meinen eigenen Stempel trägt.

A) Ich bin sehr zufrieden, es passt alles zusammen.

D) Es könnte noch wohnlicher sein. Ich weiß nicht, was ich ändern soll.

8. Was wünschen Sie sich in Bezug auf Ihre Wohnung?

A) Prinzipiell mag ich meine Wohnung. Manchmal denke ich: »Vielleicht sollte ich mal was Neues probieren.«

B) Ich wünsche mir viel Raum, um meiner Kreativität freien Lauf zu lassen und mich auszudrücken.

C) Ich wünsche mir mehr Platz, um endlich all meine persönlichen Dinge unterzubringen.

D) Ich wünsche mir einen Innendekorateur, der mich bei der Stilfindung unterstützt.

9. Sie müssen demnächst umziehen. Wie fühlen Sie sich, wenn Sie an den bevorstehenden Umzug denken?

A) Ich freue mich darauf, weil das wieder ein wunderbarer Anlass zum Ausmisten und Neugestalten ist.

B) Ich bin bereit, denn ich beginne mit dem Planen und Einpacken schon Wochen vorher oder ich beauftrage eine Fachfirma mit dem Verpacken, damit nichts beschädigt wird.

D) Das wird vermutlich ein ziemlicher Kraftakt angesichts der vielen Dinge, die ich habe und von denen ich mich auch nicht trennen will.

C) Ich habe jetzt schon Albträume, wenn ich nur an den Umzug mit den vielen Kisten und dem ganzen Krempel denke.

»Achte auf deine Gedanken! Sie sind der Anfang deiner Taten.«
Chinesisches Sprichwort

Wohnungstypen – Auswertung

Notieren Sie hier, wie oft Sie welchen Buchstaben angekreuzt haben.

A) = ___ mal
B) = ___ mal
C) = ___ mal
D) = ___ mal

Der Buchstabe, den Sie am häufigsten angekreuzt haben, bezeichnet, welcher Wohnungstyp Sie sind. Haben Sie zwei Buchstaben gleich oft gewählt, lesen Sie unter beiden Typen nach.

Überwiegend A) = der klassisch-konservative Typ
Überwiegend B) = der individuell-kreative Typ
Überwiegend C) = der sicherheitsbedürftige Typ
Überwiegend D) = der funktionale Typ

A Der klassisch-konservative Typ

Sie haben eine klare Vorstellung davon, wie Sie wohnen möchten, und haben dies auch umgesetzt: Sie lieben es, wenn Ihre Wohnung sauber und aufgeräumt ist. Sie legen viel Wert auf eine aufeinander abgestimmte Einrichtung, die Sie sich durchaus etwas kosten lassen. Unnütze Dinge werden regelmäßig aussortiert, sodass alles sehr überschaubar ist. Ein Fremder kann sich in Ihrer Wohnung mühelos zurechtfinden, jedoch keinen persönlichen Stil erkennen. Die Individualität muss der Perfektion weichen. Wenn Sie fast ausschließlich A angekreuzt haben, sollten Sie darauf achten, dass Ihre Wohnung nicht zu unpersönlich wirkt. Verlassen Sie doch einmal Ihr gewohntes Terrain und wagen Sie sich an Ungewöhnliches heran. Sie können mit Kleinigkeiten anfangen, wie zum Beispiel neuen Farbakzenten. Sie müssen Ihren Perfektionismus dazu nicht aufgeben, sondern können ihn vielmehr ergänzen mit Ihren persönlichen, kreativen und individuellen Einrichtungsgegenständen und Wohnideen.

Nach **Feng Shui** ist Ordnung ein Weg zu mehr Harmonie, sowohl äußerlich als auch innerlich. Aber mit Ordnung ist keine sterile, blank geputzte Atmosphäre gemeint. Lebendigkeit und Individualität dürfen und sollen Spuren in den eigenen vier Wänden hinterlassen. Ihre Persönlichkeit kann durch Accessoires, Bilder, Farben, Pflanzen und Düfte zum Ausdruck kommen. Solche persönlichen Akzente (siehe Seite 132ff.) fördern die Energie in den einzelnen Räumen und haben positive Wirkung auf die Menschen, die darin leben oder sich dort aufhalten. Wenn Sie sich unsicher sind, wie Sie das tun sollen, nutzen Sie das Bagua (siehe Seite 110ff.): Dieser »Spiegel des Lebens« zeigt Ihnen, wo sich in Ihrer Wohnung welche Lebensbereiche befinden und wie Sie diese mit kleinen Accessoires besonders aktivieren können.

B Der individuell-kreative Typ

Ihre Wohnung trägt Ihren ganz persönlichen Stil: Nicht nur was Ihre vielseitige und originelle Einrichtung angeht, auch in puncto Ordnung haben Sie Ihren eigenen Kopf. Sie halten nichts von vorgegebenen Standards. Ob zu viel oder zu wenig Ordnung, bei Ihnen kann man immer eine Überraschung erleben. Zumeist finden Sie eine gute Balance, was den Mix von Stilen, die Unterschiedlichkeit von Accessoires oder den Grad an Ordnung und Sauberkeit betrifft. Manchmal aber fehlt Ihnen das richtige Maß. Andererseits kann es auch vorkommen, dass Bereiche Ihrer Wohnung zu gestylt und zu »gewollt« wirken, wodurch Gäste sich weniger wohl fühlen.

Wenn Sie fast ausschließlich **B** angekreuzt haben, fragen Sie sich, was Ihnen Ihr Zuhause bedeutet: Soll Ihre Wohnung repräsentative Zwecke erfüllen? Sollen Ihre Gäste von Ihrem Geschmack beeindruckt sein? Oder möchten Sie mit Ihrer Wohnung mehr sich selbst ausdrücken? Versuchen Sie, die Dinge danach zu beurteilen, ob sie Ihnen wirklich wichtig sind. Pflegen Sie einen maßvollen Umgang mit originellen Stücken, und versuchen Sie, optische Ruheinseln zu schaffen.

Nach **Feng Shui** ist unser Zuhause ein wahrhaftiger Ausdruck unseres Selbst. Wir sind, wie wir wohnen. Drückt die Art, wie Sie wohnen, wirklich aus, was und wer Sie sind? Es geht nicht darum, andere zu beeindrucken. Es ist eine Illusion, dass die Dinge, die wir besitzen, uns zu etwas Besonderem machen. Gerade wenn Sie einen eigenwilligen Stil pflegen, müssen Sie gut aufpassen, dass Sie sich von den Dingen nicht zum Sklaven machen lassen. Denn dann entsteht das Ungleichgewicht, das Ihre Gäste spüren. Überlegen Sie sehr gut, welche Dinge Sie in Ihrer Wohnung präsentieren. Mithilfe der Vier-Kisten-Methode (siehe Seite 34ff.) können Sie Klarheit darüber gewinnen, was Ihnen die Dinge tatsächlich bedeuten.

C Der sicherheitsbedürftige Typ

Sie hängen Ihr Herz gerne an die kleinen Dinge des Lebens: Typisch für Ihre Wohnung sind die vielen Erinnerungsstücke und persönlichen Gegenstände. Es vermittelt Ihnen Sicherheit, an Dingen festzuhalten und in Ihrer Wohnung nicht viel zu ändern. Gemütlichkeit ist Ihnen ein Anliegen. Sie sind sehr gastlich und wollen, dass andere sich bei Ihnen wohl fühlen. Das gelingt Ihnen nicht immer, weil die Zimmer manchmal zu voll und die Wohnung leicht überladen wirkt. So wissen Sie oft nicht, wo Sie mit dem Aufräumen beginnen sollen, und wünschen, Sie hätten mehr Platz.

Wenn Sie fast ausschließlich **C** angekreuzt haben, fragen Sie sich, ob ein Schrank, aus dem Kleidung hervorquillt, oder ein überbordendes Regal wirklich Sicherheit vermittelt. Schafft Ihr Chaos daheim wirklich Geborgenheit und Stabilität? Finden Sie einen Weg, wie Sie mit der nötigen emotionalen Balance ausmisten, aufräumen und für sich ein besseres System schaffen, nach dem Sie Dinge aufbewahren. Dann gewinnen Sie mehr Überblick.

Gerümpel im Sinne von **Feng Shui** ist überflüssiger Ballast, der unsere persönliche Entwicklung einschränkt oder gar blockiert. Wer diesen Ballast abwirft, wie die Sandsäcke an einem Fesselballon, spürt sofort, um wie viel leichter das Leben wird. Man steigt quasi in ungewohnte Höhen und erobert sich einen neuen Raum. Wer alles aufbewahrt und festhält, sucht oft nach Sicherheit. Doch machen Sie sich klar: Wie viel Sie auch besitzen, Sicherheit bekommen Sie dadurch nicht. Im Gegenteil: Die Angst, etwas zu verlieren, wächst mit dem materiellen Besitz. Die Vier-Kisten-Methode (siehe Seite 34ff.) hilft Ihnen beim Entrümpeln. Sie lernen zu unterscheiden, was Sie wirklich brauchen und was Sie loslassen können. Dies befreit, macht selbstbewusst und zufrieden.

D Der funktionale Typ

Sie wissen, wo Sie stilistisch hinwollen, aber Ihr Einrichtungsstil ist noch nicht ganz ausgereift beziehungsweise umgesetzt: Sie besitzen einige schöne Gegenstände, aber es fällt Ihnen manchmal schwer, diese zur Geltung zu bringen. Da Sie einen Mix aus alten und neuen sowie aus schlichten und aufwändigen Möbelstücken mögen, wirkt Ihre Wohnung auf einen Fremden sehr lebendig und individuell. Es kann aber auch dazu führen, dass der Eindruck von fehlender Harmonie entsteht. Es ist in der Einrichtung und Dekoration kein klares System zu erkennen, das einen Raum aber erst wohnlich macht.

Wenn Sie fast ausschließlich **D** angekreuzt haben, sollten Sie versuchen, Ihre Wohnung mit mehr System einzurichten und damit Ordnung im Sinne eines harmonischen Miteinanders herzustellen. Dazu müssen Sie sich aber mit Ihrer Umgebung beschäftigen und die Gestaltung Ihrer Wohnung nicht als Nebensache abtun. Werden Sie sich klar darüber, welche Einrichtungsgegenstände und Möbel Ihnen wirklich am Herzen liegen. Den Rest entrümpeln Sie, so schaffen Sie eine solide Basis für eine harmonische Gestaltung Ihrer Wohnung.

Auch wenn wir uns nicht intensiv mit der Einrichtung unserer Wohnung beschäftigen, hat nach **Feng Shui** die Gestaltung unserer Umgebung Einfluss auf uns. Wenn hier die Harmonie fehlt, wird es uns auch schwer fallen, innerlich klar und ausgeglichen zu sein. Achten Sie daher darauf, was Sie sich in die Wohnung holen. Spontankäufe, Mitbringsel und Fundstücke, die Ihr Zuhause dekorieren, symbolisieren Ihre Individualität. In der richtigen Dosis und am richtigen Platz lenken und fördern diese Gegenstände die Lebensenergie. Aber wenn kein roter Faden mehr zu erkennen ist, fehlt dieser vielleicht auch in Ihrem Leben. Gehen Sie es an und misten Sie mithilfe der Vier-Kisten-Methode (siehe Seite 34ff.) gründlich aus. Damit werden Sie Klarheit schaffen und den roten Faden wiederentdecken. Und wer weiß, wohin er Sie führt?

»Die Dinge sind dazu da,
dass man sie benutzt,
um das Leben zu gewinnen,
und nicht, dass man
das Leben benutzt,
um die Dinge zu gewinnen.«
Lü-shih Ch'un Ch'iu

Mit Feng Shui zur inneren Klarheit

Feng Shui lehrt: Wer in Harmonie mit sich und seiner Umgebung lebt, erntet Wohlstand, Erfolg, Gesundheit und Liebe. Zu dieser Harmonie kann jeder gelangen, sie entsteht, wenn Sie zu Hause gründlich ausmisten und aufräumen. Werfen Sie Ballast ab, lassen Sie Vergangenes los, bringen Sie Ordnung in Ihr Zuhause und verändern Sie so mit leichter Hand Ihr ganzes Leben.

Frischer Wind und klares Wasser

Die überflüssigen und alten Dinge loswerden, Unvollendetes erledigen und aufräumen, das löst die Energieblockaden. Der Staub verschwindet und die Luft klärt sich, die Energie kann wieder frei fließen wie Wasser in einem Bergbach. Energie zum Fließen bringen, Ausgleich von Gegensätzen erreichen und Ausgewogenheit schaffen – das ist das Ziel von Feng Shui.

Wörtlich übersetzt heißt Feng Shui »Wind und Wasser«. Darin bündeln sich uraltes Wissen um den natürlichen Lauf der Dinge, die Zyklen der Natur und das Zusammenspiel von Natur und Mensch. Im chinesischen Weltbild lebt der Mensch im ständigen Kontakt mit der Natur und beide unterliegen den gleichen Gesetzmäßigkeiten. Wind und Wasser sind Erscheinungsformen von Lebensenergie. Und Feng Shui ist die Kunst, mit Wind und Wasser, also mit dieser Energie umzugehen.

Wie ein Navigationssystem hilft uns die chinesische Lehre dabei, Gegensätze auszugleichen, Ausgewogenheit herzustellen und Harmonie zu erreichen. Innerer Frieden, Glück und Wohlergehen resultieren aus der Art, wie wir unseren Standort und unsere Umgebung gestalten. Mit Feng Shui können wir in Einklang mit uns und unserer Umgebung kommen. Das eigene Zuhause ist dabei der Schlüssel. Deswegen lohnt es sich, die eigenen vier Wände kritisch zu betrachten: Herrschen hier Ausgewogenheit und Harmonie? Kann hier die Lebensenergie ungehindert fließen? Wie habe ich mir mein Leben »eingerichtet«?

Mithilfe von Feng Shui können Sie diese Fragen nicht nur beantworten, sondern auch vorhandene Energieblockaden aufspüren und beseitigen. Indem Sie dies tun, also Ihr Zuhause untersuchen und in einem nächsten Schritt positiv verändern, verändern Sie auch Ihr Innerstes. Das äußerliche Aufräumen und Ausmisten gehen einher mit einer innerlichen Befreiung: Altes loswerden und Platz schaffen für Neues.

Sich von der Last befreien

Viele Dinge, die Sie in Ihren vier Wänden aufheben, belasten Ihre Seele. Voll gestopfte Schränke, überquellende Schubladen, ungeordnete Regale sind keine Augenweide. Außerdem sind die

Sachen Staubfänger und machen es uns schwer, richtig sauber zu machen. Das Gerümpel nimmt uns Luft zum Atmen. Was wir festhalten, anhäufen und sammeln, wird also irgendwann zur Belastung. Mehr macht nicht zwangsläufig glücklich. Viele Dinge zu besitzen raubt Freiheit und Spontaneität. Nicht Überfluss, sondern das Wesentliche lockt das Glück. Immer mehr erkennen das und beginnen ihre Konsumwut zu drosseln, sich innerlich von dem Übermaß an materiellen Dingen zu lösen. Lieber weniger, aber dafür mehr Qualität, lautet die Devise.

Raus aus der Vergangenheitsfalle

Die Gründe, warum wir etwas nicht loslassen, sind vielfältig. Doch einer der häufigsten Gründe ist das Festhalten an der Vergangenheit. So hängen wir vielleicht an einem Kleidungsstück, weil wir denken: »Damals habe ich in das Kleid gepasst, irgendwann bin ich bestimmt wieder so schlank.« Dieses Wunschdenken verhindert das Loslassen, und so nimmt das alte Teil Platz weg. Doch solange wir an dem Kleid festhalten, stecken wir in der Vergangenheit fest, verschließen die Augen vor der Gegenwart und sind auch nicht offen für die Zukunft.

Die Verklärung der Vergangenheit trübt den Blick für die Gegenwart. Wer ständig gestern mit heute vergleicht, bei dem wird das Heute schlechter abschneiden. Unser Gedächtnis konstruiert nämlich eine Erinnerung, die mit der Realität meist nicht viel gemein hat: So wird zum Beispiel das Schöne gespeichert und das Unangenehme gelöscht. Im Rückblick verklärt sich dann alles. Doch wenn man sich an das Altbekannte klammert, lässt man Neues nicht zu. Wenn die Nostalgie Sie gefangen hält, sollten Sie sich drei Fragen stellen: Habe ich immer noch die gleichen Bedürfnisse wie damals? Bin ich immer noch so wie vor vielen Jahren? Habe ich mich denn gar nicht verändert? Wer ernsthaft nach Antworten auf diese Fragen sucht, wird bald erkennen, dass Erinnerungen nur Bruchstücke der Vergangenheit enthalten.

»Wenn du loslässt,
hast du zwei Hände frei.«
Chinesische Lebensweisheit

Angst vor der Zukunft

Warum halten wir an der Vergangenheit fest? Ein möglicher Grund ist die Angst vor der Zukunft, die Angst vor dem großen Unbekannten und den Risiken. Manchmal wird Zukunft nicht als Möglichkeit oder Chance, sondern als Bedrohung erlebt. Denn Veränderungen bringen Unsicherheit mit sich. Auch das Gefühl, vielleicht falsche Entscheidungen zu treffen und Fehler zu machen, spielt eine Rolle. Trotzdem: Damit es in Ihrem Leben weitergehen kann, müssen Sie sich aus der Vergangenheitsfalle befreien, und dies funktioniert nur über das Loslassen. Sie müssen ausmisten, wegwerfen und Platz schaffen. Falls Sie dieser Gedanke erschreckt, können Sie beruhigt aufatmen: Mithilfe der Vier-Kisten-Methode gehen Sie Schritt für Schritt vor, und so verliert die Veränderung garantiert ihren Schrecken.

Nicht an alte Zeiten klammern

Besonders schwierig gestaltet sich der Umgang mit Erinnerungsstücken. Liebesbriefe von Verflossenen zum Beispiel können eine schöne Erinnerung sein oder in der Vergangenheit festhalten. Wie oft lesen Sie diese Briefe tatsächlich und welche Gedanken gehen Ihnen dabei durch den Kopf? Ist das hilfreich für Ihre aktuelle Beziehung oder vielleicht eher schädlich, weil Sie Ihren Partner mit dem oder der Ex vergleichen? Für unser gegenwärtiges Leben ist es durchaus sinnvoll, das Positive in der Vergangenheit zu sehen. Die Gewissheit, schöne Momente erlebt und gute Erfahrungen gemacht zu haben, verleiht uns Selbstvertrauen für die Zukunft. Doch trauern Sie nicht den »guten alten Zeiten« nach. Sie waren nicht besser als heute.

Positive Momente bewahren

Die Vergangenheit hat Sie zu dem gemacht, der Sie heute sind. Daher sollten Sie mit den Dingen von früher sorgsam umgehen und genau hinschauen: Dokumentiert etwas einen wichtigen Entwicklungsschritt, dann möchten Sie es vielleicht aufbewahren, auch wenn es lange vorbei ist. Denn es weckt immer wieder positive Erinnerungen in Ihnen. Steht ein Stück – ein Tagebuch oder Fotos – für eine Phase im Leben, die auch mit Schmerz und Trauer verbunden ist, gehen Sie in sich: Löst die Beschäftigung damit positive Gefühle aus, zum Beispiel, weil Sie die Phase gut überwunden haben, behalten Sie es. Werden Sie jedoch heute noch traurig oder wütend, wenn Sie die Einträge lesen oder die Fotos betrachten, dann sollten Sie sich davon trennen. Machen Sie sich bewusst, dass diese Phase wichtig war in Ihrem Leben, nun aber vorüber ist. Nehmen Sie Abschied und konzentrieren Sie sich auf das Heute.

Innere Blockaden beseitigen

Ausmisten und Aufräumen haben Tiefenwirkung. Sie misten im wahrsten Wortsinn Ihre Vergangenheit aus, lassen Überholtes los, befreien sich von Belastendem und schaffen so Platz für Neues. Wenn Sie sich beim Ausmisten Fragen stellen wie »Kann ich dieses Stück weggeben oder wegwerfen?«, »Warum hänge ich so sehr an diesem Stück?« oder »Welche Gedanken oder Hoffnungen verbinde ich damit?«, können Sie zur Ursache der Energieblockade vordringen. Wenn beispielsweise irgendwo noch Fotos vom Expartner existieren, hegen Sie vielleicht die leise Hoffnung, es könnte ja wieder wie früher werden. Um die Bedeutung der Dinge zu erkennen, müssen Sie sich Ihre Gedanken, die Sie mit den Dingen verbinden, selbstkritisch und ehrlich bewusst machen.

Bewusst Abschied nehmen

Sich von etwas zu trennen, von dem man erkannt hat, dass man es nicht mehr braucht, ist nicht einfach. Loslassen fühlt sich manchmal so an, als ob man den Boden unter den Füßen verliert. Dann überlegt man es sich zweimal, ob man sich wirklich trennen möchte. Dies funktioniert nur, wenn Sie mit etwas wirklich abgeschlossen haben beziehungsweise bereit dazu sind, eine Schlussstrich zu ziehen. Weisen Sie den Dingen aus Ihrer Vergangenheit den Platz zu, der ihnen gebührt.

Das Leben ist so, wie Sie es sich einrichten

Jeder Raum, in dem wir uns aufhalten, und jedes Ding, mit dem wir uns umgeben, hat seine eigene Aura, die auf uns ausstrahlt. Nach einem Spaziergang im Sonnenschein in der Natur fühlen wir uns wohl, erfrischt und zufrieden, während uns das Warten in einem tristen, muffigen Zimmer nach kurzer Zeit frustriert. Alles um uns herum ist Energie. Entscheidend dabei ist, wie und wo wir uns selbst positionieren – und dies haben wir in der Hand.

Feng Shui hilft uns dabei, einen freien Fluss der Energie zu ermöglichen und somit die Grundlage für Veränderung und Harmonie zu schaffen. Ein harmonisches Wohnumfeld in Farben, Formen und gesunden Materialien hat großen Einfluss auf unser Wohlbefinden. Es unterstützt unsere körperliche, emotionale, geistige und spirituelle Entwicklung. Unsere eigenen vier Wände können uns Schutz und Geborgenheit schenken und ein Ort sein, wo wir Kraft tanken können.

Gefühle haben eigene Energien

Der Zustand, den wir um uns herum schaffen, spiegelt unser Inneres wider und umgekehrt. Die Eltern von Teenagern kennen dieses Phänomen: Sie würden das Zimmer des Sohns oder der Tochter am liebsten gar nicht mehr betreten, weil es darin aussieht, als hätten Vandalen dort gewütet. Die Bitte oder die Aufforderung, endlich aufzuräumen, verhallt ungehört. Eltern stehen oft machtlos vor dem Chaos, das sich im Zimmer des eigenen Kindes ausbreitet. Doch für die Unordnung gibt es einen Grund: Die Pubertät bedeutet für Heranwachsende eine Zeit der Veränderung und Neuorientierung. Während dieses Umbruchs gerät das Innenleben des Teenagers völlig aus dem Gleichgewicht. Nichts ist mehr, wie es war, Hormone und Gefühle spielen verrückt, man ist in diesem Alter weder Fisch noch Fleisch. Die Identitätssuche und das innere Chaos spiegeln sich in der äußeren Unordnung, zum Leidwesen der Eltern. Ein Trost kann sein, dass diese Phase vorübergeht.

Doch auch die Eltern leben, ohne sich dessen vielleicht bewusst zu sein, in den eigenen vier Wänden ihren aktuellen Gemütszustand aus. Zwar herrscht möglicherweise keine sichtbare Unordnung, aber ein Blick in die Schränke und in die Ecken kann äußerst aufschlussreich sein.

Feng Shui hilft dabei, weder dem Gestern nachzutrauern noch die Zukunft zu verplanen. Ziel ist es, jeden einzelnen Tag bewusst zu leben und den Blick für das Wesentliche zu schärfen.

Wer bin ich?

Wer sich diese Zusammenhänge zwischen innen und außen bewusst macht, hat schon einen wichtigen Schritt getan.

Um davon zu profitieren, ist es notwendig, sich kritisch mit dem zu beschäftigen, womit wir uns umgeben. Dadurch können wir sehr viel über uns selbst erfahren.

Kritische Selbstbetrachtung

Beim Entrümpeln tun wir das. Wir schauen uns die Dinge genau an, überlegen gründlich, warum wir sie aufbewahren möchten, was sie mit uns und unserem Leben zu tun haben und warum wir vielleicht unser Herz daran hängen. Ehrlichkeit ist oberstes Gebot, sonst führt die Reise ins Ich in die Irre. Wir müssen uns selbst gegenüber ehrlich sein über unsere Vorstellungen, Erwartungen, Hoffnungen, die wir an bestimmte Dinge in unserem Besitz knüpfen. Nur wenn wir uns wirklich damit auseinander setzen, können wir von den Erkenntnissen profitieren. Wir können betrachten, wer wir waren, wie wir zu dem geworden sind, der wir heute sind. Vielleicht wird uns bewusst, an welcher Stelle der Weg eine überraschende Kurve gemacht hat oder wo wir stehen geblieben sind.

Im Verlauf des Entrümpelns werden wir so immer mehr auf das stoßen, wer und was wir heute sind. Denn die Dinge, die wir aufbewahren, die wir brauchen, die machen uns aus. Nun stellt sich die Frage, ob uns dies gefällt, ob wir mit dem, was wir gefunden haben, zufrieden sind.

Wer möchte ich sein?

Vielleicht entdecken wir dabei, dass wir in manchen Bereichen ganz anders sind, als wir bisher dachten. Möglicherweise wird uns bewusst, dass wir bestimmte Kleidungsstücke nie getragen haben, weil sie zu einer Vorstellung von uns gehören, der wir nicht entsprechen. Wir sind eben nicht der Typ fürs schicke Kostümchen. Oder wir wollen bestimmte Dinge hinter uns lassen und schaffen es endlich, uns von der Plüschtierparade auf dem Regal zu trennen, weil wir uns eingestehen, dass wir inzwischen viel lieber wenige ausgewählte Accessoires aufstellen wollen.

Raum für Veränderungen schaffen

Was auch immer wir verändern wollen – nach dem Entrümpeln und Aufräumen können wir in einem nächsten Schritt unsere Umgebung entsprechend verändern. Unsere Wohnung spiegelt das wider, was wir sind. Verändern wir etwas in der Wohnung, schaffen wir Raum für Veränderungen in uns.

Alles, was wir dazu brauchen, schlummert bereits in uns. Feng Shui hilft dabei, unsere verborgenen Potenziale zu entfalten und auszuleben. Leben bedeutet sich verändern. Verabschieden Sie sich jetzt von allem, was Sie blockiert, und richten Sie sich Ihr Leben neu ein. Äußere Ordnung lässt die Energie fließen und führt zu innerer Klarheit und Harmonie. Sie werden mehr Schönheit, Lebendigkeit und Freude erfahren. Sie haben es in der Hand. Das Glück kommt nur zu dem, der auch bereit dafür ist.

Richtig ausmisten: gewusst wie!

Sie haben beschlossen, auszumisten, loszulassen und Ihr Zuhause zu entrümpeln. Wunderbar! Die Auswahl, was Sie wirklich behalten wollen oder was Sie vielleicht doch wegwerfen können, wird nicht immer leicht sein. Die Vier-Kisten-Methode hilft Ihnen dabei, die richtigen Entscheidungen zu treffen. Wie sie funktioniert, erfahren Sie hier.

Einfach und schnell aufgeräumt mit der Vier-Kisten-Methode

Alles, was wir erleben, fühlen, spüren und denken, nehmen wir mit nach Hause. Dort laden wir es ab, stellen es zur Schau, und so wird die Wohnung zum Spiegel unserer Seele. Auf diese Weise sammelt sich alles Mögliche an – bis ein Punkt überschritten ist und wir unter dem Ballast zu leiden beginnen. Dann ist es höchste Zeit, das Gerümpel aufzuräumen und Überflüssiges loszuwerden.

Weniger Gerümpel, mehr Glück

Verwandeln Sie Ihr Zuhause in einen Ort des Wohlbefindens und Glücks! Sie haben es in der Hand. Überwinden Sie sich, misten Sie aus und räumen Sie auf, dann werden Sie bald eine tiefe innere Zufriedenheit spüren. Das Aufräumen und Wegwerfen von Gerümpel hat etwas sehr Befreiendes. Sie machen damit nicht nur zu Hause Platz, sondern geben auch Ihrer Seele mehr Raum zum Atmen. Wenn Sie anfangen, zu Hause »klar Schiff« zu machen, wirkt sich das auf Ihr ganzes Leben aus. Vielleicht haben Sie das Gefühl, der Gerümpelberg ist so hoch wie der Mount Everest und unbezwingbar. Doch es gibt einen Weg zum Gipfel und zurück: Machen Sie einfach einen Schritt nach dem anderen.

Mit vier Kisten aus der Gerümpel-Endlosschleife

Zum Ausmisten und Aufräumen brauchen Sie als Erstes vier große Kisten, gut geeignet sind Umzugskisten. Eventuell lohnt sich auch die Anschaffung von Regalen, Ablagen oder Ordnern, um die verbliebenen Sachen dann perfekt einzuräumen, aber dazu später mehr (siehe Seite 61). Nummerieren Sie die Kisten und schreiben Sie Folgendes darauf:

Kiste 1: Aufheben! Diese Sachen will ich unbedingt behalten. Das bleibt!

Kiste 2: Überlegen! Diese Sachen brauche ich nicht mehr, kann mich aber nicht so schnell davon trennen.

Kiste 3: Weggeben! Diese Sachen brauche ich nicht mehr, kann sie jedoch vielleicht noch verschenken oder verkaufen.

Kiste 4: Wegwerfen! Diese Sachen kann ich ohne Wenn und Aber wegschmeißen. Weg damit!

*»Wer neu anfangen will,
soll es sofort tun,
denn eine überwundene
Schwierigkeit vermeidet
hundert neue.«
Konfuzius*

Kiste 1: Aufheben! Das will ich behalten!

Was in Kiste 1 kommt, will gut überlegt sein. Wählen Sie die Dinge sorgfältig aus, denn Sie wollen ja Ihren Besitz reduzieren. Es gibt sicher eine ganze Menge an Dingen, die Sie regelmäßig benutzen und bei denen sich die Frage des Wegwerfens nicht stellt. Schwieriger wird es bei den Kleidern, die nicht mehr passen, bei den Urlaubsandenken im Schrank oder dem überquellenden Bücher- oder CD-Regal. Hier gilt es zu entscheiden: Was ist heute für Sie von Bedeutung? Was brauchen Sie wirklich? Was tut Ihnen gut – auch wenn Sie es kaum benutzen? Der Ego-Check in diesem Kapitel soll Ihnen dabei helfen, wertvolle Erkenntnisse über sich selbst und Ihr Verhältnis zu Ihren Sachen zu gewinnen.

Die Qual der Wahl

Sich für eine Sache zu entscheiden heißt meist auch, auf etwas anderes zu verzichten. Und genau darum geht es: Finden Sie heraus, worauf es Ihnen ankommt, was Ihnen wirklich wichtig ist, und schließen Sie aus, was für Sie und Ihr aktuelles Leben keine Rolle mehr spielt. Stecken Sie selbst den Rahmen ab, dann erleben Sie die Auswahl nicht als Einschränkung, sondern als eine Konzentration aufs Wesentliche. Qualität ist entscheidend, nicht Quantität.

Richtige Entscheidungen erfordern Zeit und Aufmerksamkeit. Aber mithilfe der Vier-Kisten-Methode wird es Ihnen leicht fallen, das Wesentliche vom Unwesentlichen zu unterscheiden. Wenn Sie zu einem Entschluss gekommen sind, dann bleiben Sie auch dabei. Lassen Sie sich nicht mehr davon abbringen oder verunsichern.

Ego-Check: Jetzt sehe ich klarer!

In Kiste 1 gehören die Dinge, die zeigen, wo Sie in Ihrem Leben gerade stehen. Beantworten Sie zunächst die folgenden sechs Fragen, um herauszufinden, was Ihnen wichtig ist und was nicht. Wer sich selbst besser kennt, tut sich beim Entrümpeln leichter, wichtige und unwichtige Dinge zu trennen.

Dies ist kein Test mit Auswertung und Erklärung. Vielmehr sollen Sie mithilfe dieser Fragen neue Erkenntnisse über sich selbst gewinnen. Nehmen Sie sich Zeit und füllen Sie die Listen in aller Ruhe, aber so spontan wie möglich aus. Viel Spaß bei Ihrer Entdeckungsreise!

Bitte füllen Sie für den Ego-Check jetzt die folgende Liste aus.

Listmaking

1 Welche Situationen haben mir in den letzten Tagen Freude bereitet? (Z. B. der Abendspaziergang gestern)

- ○ ______________________________
- ○ ______________________________
- ○ ______________________________
- ○ ______________________________

KOMMENTAR: Wenn Sie sich an schöne Momente erinnern und diese aufschreiben, kann Ihnen klar werden, was Glück für Sie alles bedeuten kann.

2 Welche fünf Dinge müsste ich bei einem Brand in meinem Zuhause unbedingt retten? (Z. B. meine Brille)

- ○ ______________________________
- ○ ______________________________
- ○ ______________________________
- ○ ______________________________

KOMMENTAR: Hier geht es um grundsätzliche Lebensentscheidungen, die blitzschnell getroffen werden müssen. Hier kristallisiert sich heraus, woran Ihr Herz wirklich hängt.

3 Welche zehn Dinge würde ich auf eine einsame Insel mitnehmen? (Z. B. Farben und Pinsel, um zu malen)

- ○ ______________________________
- ○ ______________________________
- ○ ______________________________
- ○ ______________________________

KOMMENTAR: Diese Auflistung kann Ihnen verdeutlichen, welche Werte, Vorhaben, Beschäftigungen und vielleicht auch Menschen in Ihrem Leben eine wichtige Rolle spielen.

4 Welche zehn Dinge in meinem Zuhause erfreuen mich durch ihr bloßes Dasein, sehe ich immer wieder gerne an oder nehme ich gerne in die Hand? (Z. B. die Muschel vom letzten Urlaub)

- ○ ______
- ○ ______
- ○ ______
- ○ ______

KOMMENTAR: Finden Sie heraus, welche materiellen Dinge Sie in Ihrem Zuhause wertschätzen, welche Dinge Ihnen Alltagsglück bescheren.

5 Welche drei Dinge (oder mehr) würde ich nur in größter Not hergeben? (Z. B. ein bestimmtes Schmuckstück)

- ○ ______
- ○ ______
- ○ ______

KOMMENTAR: Jeder von besitzt etwas, das von größter Bedeutung ist, ein Andenken, eine Auszeichnung, ein Geschenk, ein Fundstück etc. Wenn Sie mehr als drei Dinge aufschreiben können, sollten Sie sich überlegen, warum so viele Dinge einen so großen Platz in Ihrem Leben einnehmen.

6 Was (ein oder zwei Dinge) würde ich am liebsten mit ins Grab nehmen? (Z. B. Ehering):

- ○ ______
- ○ ______

KOMMENTAR: Gibt es etwas unter Ihren Besitztümern, das Sie am liebsten für immer behalten würden? Was empfinden Sie dabei, wenn Sie diese kleine Liste betrachten? Haben Sie ein gutes Gefühl oder fühlen Sie sich eher unbehaglich?

Die Botschaft in den Dingen

In jedem Ding, das wir besitzen, stecken Informationen und Gefühle, wir haben es schließlich einmal aus einem bestimmten Grund erworben oder bekommen. Nun gilt es zu erkunden, ob ein Gegenstand noch von Bedeutung für Sie ist oder ob Sie ihn loslassen können. Mit den folgenden drei Fragen können Sie herausfinden, ob eine Sache Ihnen heute noch wichtig ist, ob Sie sie noch brauchen und ob sie Ihnen noch guttut.

Frage Nr. 1: Habe ich das Ding innerhalb der letzten zwölf Monate einmal gebraucht und ist es mir auch weiterhin von Nutzen? Wenn ja, behalten Sie es. Wenn nein, führt das automatisch zur nächsten Frage.

Frage Nr. 2: Brauche ich das Ding wirklich noch, tut es mit gut, hilft es mir weiter, verbinde ich damit etwas Positives? Nur wenn Sie sofort und überzeugt mit Ja antworten können, sollten Sie es behalten, auch wenn Sie es lange nicht benutzt haben. Wenn Sie jetzt aber ins Grübeln geraten, lange überlegen müssen, die Sache von allen Seiten betrachten oder nur zögernd eine Antwort finden, ist es Ballast, den Sie loswerden sollten. Wenn es Ihnen schwer fällt, diesen Krempel loszulassen, stellen Sie sich die letzte, aber entscheidende Frage.

Frage Nr. 3: Liebe ich die Sache aus vollem Herzen? Ein Ja führt automatisch zur Kiste 1. Bei einem Nein ist die Kiste 2 (siehe Seite 40f.) der geeignete Ort.

Auf die innere Stimme vertrauen

Manche Menschen fällen Entscheidungen überwiegend kopfgesteuert, andere verlassen sich dabei auf ihr Bauchgefühl – und liegen damit meist richtig. Das Phänomen heißt Intuition. Man könnte es auch als siebten Sinn oder Eingebung bezeichnen. Diese feine Form der Wahrnehmung funktioniert unbewusst, sichert aber in jeder Sekunde eine gigantische Menge von Informationen und wertet diese blitzschnell aus. Diese Daten gelangen gar nicht erst in unsere Gehirn, weil es dann in kürzester Zeit verstopft wäre. Und neueste Befunde zeigen: Das Bauchgefühl ist oft klüger als die Vernunft. Also warum nicht wieder mehr auf diese innere Stimme vertrauen?
Wenn Sie also ein Ding in Händen halten und Sie nicht recht wissen, ob Sie es aufheben oder wegwerfen sollen, dann hören Sie auf Ihr Bauchgefühl. Was löst es aus, wenn Sie es betrachten und halten?
Wenn Sie der Gegenstand mit Freude erfüllt, steht die Antwort fest: Behalten Sie ihn, aber finden Sie einen neuen Platz dafür. Offensichtlich ist er doch mit so guten Gefühlen verbunden, dass er nicht in einer Kiste vergraben werden sollte. Wenn Sie ihn zwar nicht loslassen, aber auch nicht ausstellen wollen, dann packen Sie ihn erst einmal weg, in Kiste 2.

»Einen Fehler machen und ihn nicht korrigieren, das erst heißt wirklich einen Fehler machen.«
Konfuzius

Kiste 2: Überlegen! Ich kann mich noch nicht trennen!

Jeder von uns hat Sachen, die weder gebraucht noch verwendet werden, aber von denen wir uns aus unerfindlichen Gründen einfach nicht trennen wollen oder können. Kiste 2 ist die schwierigste, wenn es ums Ausmisten geht, denn sie konfrontiert uns am meisten mit unseren unbewussten Wünschen. Fragen Sie sich: Besitze ich die Dinge oder werde ich von ihnen beherrscht? Wenn es Ihnen schwer fällt, sich von Dingen zu lösen, die Sie im Grunde nicht brauchen, dann sollten Sie sich klarmachen, warum Sie die Sachen aufheben oder warum Sie so sehr daran hängen.

Festhalten blockiert

Wer die Entscheidung, etwas zu ändern, immer vor sich herschiebt, bei dem stapelt sich mit der Zeit vieles, was längst überflüssig geworden ist. Im Lauf der Zeit hat sich vermutlich so viel angesammelt, dass man die Übersicht verloren hat. Wenn dann noch das Unerledigte aus dem Alltag hinzukommt, wie unbezahlte Rechnungen oder der Papierberg auf dem Schreibtisch, wächst einem leicht alles über den Kopf. Also höchste Zeit, Ordnung in das Chaos zu bringen und den Kopf für das Wesentliche wieder freizubekommen.

Gefühls-Check: Jetzt verstehe ich!

Manche Menschen sind wahre Sammler: Briefmarken, Modekataloge, Prospekte, Zuckertütchen, Einkaufstaschen, Schachteln, Handtücher, Einweckgläser etc. Die Liste ließe sich unendlich fortsetzen. Sich von diesen Dingen zu trennen kann große Überwindung kosten, denn es ist irgendwie ein Stück der eigenen Identität mit ihnen verbunden. Nur warum eigentlich?

Beantworten Sie die folgenden zehn Fragen, um herauszufinden, welche Gefühle Sie mit Ihren Sachen so stark verbinden, dass Sie sich nicht mehr davon lösen können. Wenn Sie verstehen, warum Ihr Herz daran hängt, können Sie sich leichter entscheiden, ob die Sachen bleiben oder doch verschwinden sollen.

Auch hier handelt es sich nicht um einen Test. Mithilfe dieser gedanklichen Übung können Sie neue Einblicke in Ihre Gefühlswelt gewinnen. Nehmen Sie sich gerade für diese Liste genug Zeit und füllen Sie sie in aller Ruhe, aber so spontan wie möglich aus.

Bitte füllen Sie für den Gefühls-Check jetzt die folgende Liste aus.

Listmaking

1 Was waren meine glücklichsten Momente im letzten Jahr? (Z. B. meine Geburtsfeier mit Freunden)

- ○ ______________________________
- ○ ______________________________
- ○ ______________________________
- ○ ______________________________

KOMMENTAR: Sich an schöne Momente zu erinnern soll verdeutlichen, dass es keinen Grund gibt, zu verzagen, nur weil vielleicht Trennungen bevorstehen.

2 Was sind die schönsten Komplimente, die ich zuletzt bekommen habe? (Z. B. ein Lob des Chefs im Job)

- ○ ______________________________
- ○ ______________________________
- ○ ______________________________
- ○ ______________________________

KOMMENTAR: Ob Kompliment, Liebeserklärung oder Lob – sich vor Augen zu führen, dass andere positiv über uns denken, tut gut und stärkt das Selbstwertgefühl. Nicht unser Besitz, sondern wir selbst sind wichtig.

3 Welche meiner Leistungen der letzten zwölf Monate machen mich stolz? (Z. B. das Rauchen aufgegeben zu haben)

- ○ ______________________________
- ○ ______________________________
- ○ ______________________________
- ○ ______________________________

KOMMENTAR: Eigene Leistung wahrzunehmen und zu schätzen hat nichts mit Einbildung und Selbstverliebtheit zu tun. Wir dürfen durchaus stolz auf erbrachte Leistungen und Erfolge sein und uns darüber freuen.

4 Über welche Kleinigkeiten kann ich mich freuen? (Z. B. eine Postkarte von Freunden)

- ○ ______
- ○ ______
- ○ ______
- ○ ______
- ○ ______

KOMMENTAR: Es gibt viele kleine Bausteine, die Glück bedeuten. Das kann das Vogelzwitschern am Morgen, das Lächeln eines Unbekannten oder ein leckeres Essen sein. Es ist gut, auch das kleine Glück zu schätzen und sein Herz nicht an Krempel zu hängen.

5 Welche sieben Dinge habe ich schon lange nicht mehr beachtet, obwohl sie mir einmal sehr wichtig waren? (Z. B. mein Hochzeitskleid)

- ○ ______
- ○ ______
- ○ ______
- ○ ______
- ○ ______

KOMMENTAR: Loslassen fällt nicht immer leicht. Aber oft ist es nur noch der letzte Schritt, da wir uns innerlich ja schon längst gelöst haben. Oder warum haben uns all diese Dinge so lange nicht mehr interessiert?

6 Welche sieben Dinge hebe ich zur Erinnerung an Vergangenes auf? (Z. B. alte Liebesbriefe)

- ○ ______
- ○ ______

- ○ ______
- ○ ______
- ○ ______

KOMMENTAR: Nostalgische Gefühle zeigen die Sehnsucht nach dem Gestern. Aber war früher wirklich alle besser? Manche Erinnerungen sind positiv und anregend, andere wirken bremsend und hindern am Fortkommen.

7 Welche sieben Dinge könnte ich vielleicht wegwerfen, hebe sie aber trotzdem auf? (Z. B. das angeschlagene Teeservice)

- ○ ______
- ○ ______
- ○ ______
- ○ ______
- ○ ______

KOMMENTAR: Das Auflisten von diesen Dingen erhöht die Achtsamkeit – vor allem bei der Neigung zum Hamstern. Erfüllt dieser Krempel wirklich Ihre Bedürfnisse?

8 Welche fünf Geschenke haben mir überhaupt nicht gefallen? (Z. B. der giftgrüne Pullover)

- ○ ______
- ○ ______
- ○ ______
- ○ ______
- ○ ______

KOMMENTAR: Wir müssen nicht alles gutheißen, was man uns zuteil werden lässt. Fragen Sie sich nicht, warum derjenige Ihnen so etwas Hässliches oder Überflüssiges geschenkt hat, sondern warum Sie sich heute noch daran erinnern und vermutlich immer noch darüber ärgern.

9 Welche fünf Dinge suche ich schon lange, finde sie aber nicht mehr? (Z. B. meine alte Uhr)

- ○ ______
- ○ ______
- ○ ______
- ○ ______

KOMMENTAR: Wenn wir Dinge nicht mehr finden, brauchen wir sie auch nicht mehr. Nicht umsonst haben wir sie »vergraben«. Wenn sie beim Entrümpeln auftauchen, sollten sie nicht neu aktiviert werden.

10 Welche fünf Ziele möchte ich in den nächsten Monaten erreichen? (Z. B. Adressbuch auf den neuesten Stand bringen)

- ○ ______
- ○ ______
- ○ ______
- ○ ______

KOMMENTAR: Ziele reichen in die Zukunft und helfen dabei, Kurs zu halten und sich auf etwas zu konzentrieren, was vor uns liegt. Dieses Fokussieren eines Ziels kann auch die Angst vor dem nehmen, was da kommen mag.

11 Welchen Wunsch möchte ich mir in dieser Woche erfüllen? (Z. B. ein längst fälliges Telefonat führen)

- ○ ______

KOMMENTAR: Jeder Weg beginnt mit dem ersten Schritt. Große Berge in kleine Abschnitte aufzuteilen nimmt die Angst vor dem Großen. Sich einen Wunsch einzugestehen und sich diesen zu erfüllen erfüllt jetzt schon mit Vorfreude. Gehen Sie mit diesem Gefühl auch an Kiste 2 heran.

Welche Gefühle löst unser Besitz in uns aus?

Wir alle kennen aus den Nachrichten Szenen wie diese: Menschen stehen vor den Trümmern ihres Hauses, das durch Erdbeben oder Feuer zerstört wurde. Dies ist natürlich schrecklich, doch frage Sie sich einmal: Wäre Ihr Leben heute beendet, wenn Sie durch einen Brand oder Diebstahl Ihr gesamtes Hab und Gut verlieren würden? Wohl kaum. Der Verlust würde schmerzen und Probleme bereiten, aber er würde nicht Ihr Leben kosten! Alle materiellen Güter sind ersetzbar. Das bedeutet nun nicht, dass Sie sich von allem trennen müssen. Doch machen Sie sich bewusst, dass viele Dinge, die uns etwas bedeuten, nicht lebensnotwendig sind. Fragen Sie sich beim Ausmisten, was die Sachen, an denen Sie hängen, für Sie repräsentieren.

Im Folgenden finden Sie einige typische Gründe, aus denen wir uns von unseren Sachen nicht trennen können. Wenn Ihnen beim Lesen ein paar Dinge aus Ihrem Besitz einfallen, notieren Sie sie am besten sofort – vielleicht ist es Zeit, sich damit genauer zu beschäftigen?

Loslassen oder bewahren

Kiste 2

Kiste 2 muss nach dem Entrümpeln weiter bearbeitet werden, denn hier landen die Dinge, die Sie nicht mehr brauchen, von denen Sie sich aber noch nicht oder nicht so schnell trennen können. Gehen Sie den Inhalt in den nächsten Wochen nach und nach an und beschäftigen Sie sich in Ruhe mit den einzelnen Stücken, um eine Klärung herbeizuführen. Wie das aussehen kann, lesen Sie auf Seite 69.

Diese Klärung wird es Ihnen schließlich möglich machen, endgültig loszulassen. Dann verabschieden Sie sich von den Dingen und entlassen sie aus Ihrem Leben. Manches mögen Sie vielleicht nicht einfach wegwerfen, dann können Sie die Dinge in einem Ritual entsorgen, zum Beispiel verbrennen oder vergraben.

Beschließen Sie hingegen, das eine oder andere Stück aus der Kiste zu behalten, weil es Ihnen sehr wichtig ist oder ein Symbol für etwas, dann bewahren Sie diesen Schatz sorgfältig auf. Vielleicht trennen Sie sich von zwei Schuhschachteln voller Liebesbriefe, bewahren aber den allerersten davon auf.

Diese Dinge, von denen Sie sich nicht trennen möchten, finden in einer speziellen »Schatzkiste« ihren Platz. In diese besondere Kiste oder Schachtel kommen nur sorgsam ausgewählte Stücke hinein, die Sie zwar nicht mehr brauchen, die aber ein wichtiger Teil Ihrer Vergangenheit sind und die Sie als solche bewahren möchten.

Sachen, die uns zu etwas Besonderem machen

Die Werbung suggeriert es uns täglich: Sagen Sie Ja zu mehr! Warum? Weil materieller Überfluss in unserer Wohlstandsgesellschaft glücklich machen soll. Doch dass dies nicht zutrifft, erleben wir jeden Tag. Viel zu besitzen macht nicht zwangsläufig glücklich. Oder ist ein Milliardär unendlich glücklich, nur weil er so viel besitzt? Fragen Sie sich also: Sind es wirklich diese Dinge, die mich Glück empfinden lassen? Werde ich zu etwas Besonderem, nur weil ich bestimmte Dinge besitze? Wenn Sie ein so genanntes Statussymbol in Händen halten und es Ihnen schwer fällt, es wegzuwerfen, dann versuchen Sie herauszufinden, was Sie so innig damit verbindet. Statussymbole kaschieren vielleicht ein geringes Selbstwertgefühl. Denn selbstbewusste Menschen brauchen keine »Orden«. Sie vertrauen auf die eigenen Fähigkeiten, hoffen stets das Beste, erkennen und nutzen sich bietende Chancen und lassen sich nicht entmutigen.

Sachen, die unserem Ego schmeicheln

Es ist gut und wichtig, Andenken, Preise, Zeugnisse oder Auszeichnungen aufzuheben, wenn diese mit positiven Erinnerungen verbunden sind. Aber der Wert dieser Dinge sollte auch in Ihrem aktuellen Leben noch von Bedeutung sein. Was nützt Ihnen zum Beispiel der Pokal, den Sie vor Jahrzehnten mal bei einem Tennisturnier gewonnen haben, wenn Sie seit Jahren keinen Schläger mehr in der Hand hatten? Sie haben sich verändert, aber halten innerlich noch an der Vergangenheit fest. Warum? Es fällt nicht immer leicht, sich davon zu lösen, weil starke Gefühle mitschwingen. Aber um genau diese Gefühle geht es ja. Behalten Sie die Sachen, wenn sie Sie aus tiefstem Herzen erfreuen, doch trennen Sie sich davon, wenn sie nur gelegentlich sentimentale Anwandlungen heraufbeschwören und ansonsten verstauben.

Leben Sie im Hier und Jetzt. Die Vergangenheit ist vorbei und die Zukunft kennen wir nicht. Es zählt, was Sie jetzt sind, nicht, was Sie einmal waren.

Sachen, die unsere Herkunft repräsentieren

Ob es uns gefällt oder nicht, viele unserer Verhaltensweisen haben ihren Ursprung in der Erziehung. Wir übernehmen manches unbewusst, weil wir es so von unseren Eltern her kennen. Doch wenn sich im Elternhaus zahllose Topfpflanzen auf den Fensterbänken drängten und das Licht nahmen, muss das bei Ihnen nicht ebenso sein. Gerade das Sicherheitsdenken resultiert oft aus den Sorgen, die sich unsere Eltern früher gemacht haben. Aber nur weil es früher so war, muss das nicht auch in Zukunft so weitergehen. Auch lässt sich der ideelle Wert einer Sache nicht am Preis festmachen. Teuer ist nicht automatisch gut. So mögen unsere Vorfahren gedacht haben, aber es muss nicht für uns gelten.

Sachen für alle Fälle und Eventualitäten

Denken Sie vielleicht, dass Sie den Krempel nochmal brauchen könnten, und zwar genau dann, wenn er nicht mehr da ist? Dann wird Ihr Unterbewusstsein alles dafür tun, dass genau dieser Fall eintritt. Ihre Gedanken sind Botschaften. Aber woher kommt die Angst vor der möglichen »Not«? Dahinter steckt oft mangelndes Vertrauen in die Zukunft oder in sich selbst. Machen Sie sich klar, dass Sie mit dieser Einstellung den Dingen, die Sie horten, viel zu viel Gewicht geben. Und genau dieses Gewicht belastet Sie jetzt.

Die Sachen nehmen Ihnen nicht die Sorgen oder die Ängste vor der Zukunft, sie symbolisieren sie und erinnern Sie fortwährend daran. Wenn Sie sich jedoch überwinden und loslassen, werden auch die Sorgen damit verschwinden. Probieren Sie es aus!

Sachen, die endlich geordnet werden müssen

Es fällt den meisten Menschen schwer, Ordnung in ihre Sachen zu bringen. Das Durcheinander scheint übermächtig und schon längst ein Eigenleben zu haben. Es fehlt ein klares System, und so widersetzen sich die Sachen dem Ordnungsversuch in der Regel mit Erfolg. Das führt dazu, dass überall in der Wohnung oder im Haus Sachen verstreut sind, Dinge vergessen werden oder verloren gehen. Das Leben wird dadurch aber nicht leichter, sondern mühsamer. Ich kümmere mich später darum, lautet die häufigste Ausrede. An dieses Gerümpel sollten Sie sich nun herantrauen.

Sachen, die mit Erinnerungen und Gefühlen verbunden sind

Andenken, Fotos und Geschenke sammeln sich gerne in Kisten, Schubladen und Schränken, weil wir sie im Grunde nicht gebrauchen können. Wegwerfen wollen wir sie aber auch nicht, da so viele Erinnerungen und starke Gefühle damit verbunden sind. Fragen Sie sich, ob Ihnen in Ihrem aktuellen Leben etwas fehlt, sodass Sie an dem alten Kram festhalten müssen. Was macht diese Sachen so unersetzlich für Sie, dass Sie nicht davon lassen? Damit verbundene Erinnerungen machen deutlich, welche »Aussage« eigentlich dahintersteckt.

Sachen, die auf ihre Vollendung warten

Die Sachen, die wir mit den Worten »das erledige ich später« beiseite legen, belasten uns. Tief in unserem Inneren erinnern wir uns ständig an die unvollendete Arbeit, die wir vor uns herschieben, aber nicht zu Ende bringen: Tropfende Wasserhähne oder verstopfte Abflüsse nerven im Haushalt, unbezahlte Rechnungen und unerledigte Post mahnen auf dem Schreibtisch, defekte Reißverschlüsse und gerissene Nähte lauern im Kleiderschrank. Diese kleinen oder großen Dinge, die wir nicht angehen, gibt es zuhauf. Solange sie nicht vollendet sind, hemmen sie unser Weiterkommen. Unvollendetes kostet Kraft, weil die Verdrängung Energie abzieht. Wer Unvollendetes fertig stellt, erlebt einen spürbaren Anstieg seines Energielevels. Nehmen Sie sich also mit Kiste 2 auch vor, diese Dinge in Angriff zu nehmen. Schreiben Sie auf, was Sie alles erledigen müssen.

Kiste 3: Weggeben! Ich lasse los!

Es gibt Sachen, die man selbst nicht mehr braucht, die aber für andere noch nützlich sein können. Vielleicht war Ihnen das eine oder andere Stück lange Zeit ein treuer Begleiter, doch nun hat es für Sie ausgedient. Zum Wegwerfen ist es zu schade – weil es noch zu gebrauchen ist, aber auch weil es Ihnen einmal viel bedeutet hat. Doch das ist Vergangenheit, nun kann sich jemand anderes darüber freuen. Diese Sachen können Sie verschenken oder verkaufen, und dafür ist Kiste 3 reserviert.

Regeln für Kiste 3

Wenn Sie beim Ausmisten auf Dinge stoßen, die in Kiste 3 passen, sollten Sie ein paar Regeln einhalten. Die beiden wichtigsten lauten:

1) Die Sachen, die Sie weitergeben, müssen sauber und in Ordnung sein.
2) Setzen Sie sich eine Frist, bis wann die Kiste 3 leer sein muss. Ist die Frist vorbei, wandert der Inhalt in den Müll.

Beim Aufräumen entdecken wir meist Sachen, die uns gar nicht gehören. Bücher, Jacken oder CDs – die wir uns mal ausgeliehen haben oder die jemand bei uns vergessen hat. Geben Sie diese Sachen möglichst umgehend dem eigentlichen Besitzer zurück. Wenn ein baldiges Treffen nicht möglich ist, schicken Sie sie per Post.

Es gibt bestimmt das eine oder andere Stück, über das sich Familie oder Freunde freuen. Die Sachen, die Sie verschenken wollen, sollten aber noch gut erhalten sein! Setzen Sie sich eine Frist, innerhalb derer Sie sie los sein wollen. Ist die Frist verstrichen, packen Sie alles in Kiste 4.

Auf Flohmärkten, im Internet oder über Inserate können Sie gut erhaltene Sachen verkaufen. Aber auch hier gilt: Setzen Sie sich eine Frist. Wenn diese verstrichen ist, kommen die Sachen in Kiste 4!

Wenn es Dinge gibt, die noch nützlich sein könnten, zum Beispiel für eine Bücherei, ein Krankenhaus oder eine Wohlfahrtsorganisation, dann rufen Sie dort an und fragen nach, ob es Bedarf gibt. Falls ja, bringen Sie die Sachen innerhalb von zwei Wochen weg. Wenn kein Bedarf besteht – Sie wissen ja, welche Kiste dann die richtige dafür ist.

Motivations-Check: Das mache ich gerne!

Diese Liste soll Ihnen dabei helfen, wertvolle Erkenntnisse über das Thema »Geben und nehmen« zu gewinnen und damit eine neue Sicht auf Ihre Sachen zu bekommen. So kann es die Trennung von dem ein oder anderen Stück erleichtern, wenn wir wissen, dass es in »gute Hände kommt«, dass jemand anderes es gut gebrauchen kann, während es bei Ihnen nur in der Ecke liegt. Beantworten Sie sich zuerst die folgenden vier Fragen, um herauszufinden, was Dankbarkeit für Sie bedeutet. Nehmen Sie sich Zeit dafür und füllen Sie die Liste spontan aus.

Listmaking

1 Für welche Menschen in meinem Leben bin ich dankbar? (Z. B. für meinen Grundschullehrer)

- ○ ______________________________
- ○ ______________________________
- ○ ______________________________
- ○ ______________________________

KOMMENTAR: Wir wären nicht das, was wir sind, ohne Mitwirkung anderer Menschen. Selbst schlechte Erfahrungen können uns weiterbringen, wenn wir daraus lernen. Dankbarkeit für gute Erfahrungen mit Mitmenschen relativieren den eigenen Egoismus.

2 Welchen Menschen bedeute ich etwas oder bin ich wichtig? (Z. B. meinen Eltern)

- ○ ______________________________
- ○ ______________________________
- ○ ______________________________
- ○ ______________________________

KOMMENTAR: Dankbarkeit und Zuneigung zu fühlen ist ein verbindendes Element zwischen Menschen. Es ist ein zutiefst menschliches Bedürfnis, von anderen anerkannt oder geliebt zu werden. Sich bewusst zu machen, für wen man wichtig ist, gibt ein gutes Gefühl.

3 Über welche fünf unerwarteten Geschenke habe ich mich sehr gefreut? (Z. B. selbst gemachte Marmelade)

- ○ ______________________________
- ○ ______________________________
- ○ ______________________________
- ○ ______________________________

KOMMENTAR: Sich freuen, Dankbarkeit empfinden und diese auch ausdrücken, löst Glücksgefühle aus. Warum immer nur schimpfen und meckern, wenn uns so viel Gutes widerfährt?

Kiste 4: Wegwerfen! Das brauche ich nicht!

Es gibt ganz unterschiedliche Arten von Gerümpel, doch allen gemeinsam ist: Gerümpel kostet immer Platz, Zeit und Nerven, vor allem aber bindet das nutzlose Zeug Ihre Energie, weil Sie sich darum kümmern müssen. Solange Sie sich nicht davon trennen, kann nichts Neues in Ihrem Leben geschehen. In Kiste 4 sollte der meiste Krempel landen, am besten halten Sie eine Zusatzkiste und Müllbeutel bereit. In diese Kiste kommt alles, was Sie nicht mehr brauchen, was Ihnen nicht gefällt, was Ihnen nicht mehr gut tut.

Mut zur Veränderung

Wussten Sie, dass genau in diesem Augenblick rund 50 Millionen Zellen in Ihrem Körper zugrunde gehen? Und im gleichen Moment bilden sich genauso viele neue Zellen, indem sich die vorhandenen teilen. Wir lösen uns auf und entstehen augenblicklich neu. Wir sind kein statisches Gebilde, Veränderung bestimmt unser Sein. Und obwohl wir uns in ständiger Verwandlung befinden, fallen uns viele Veränderungen trotzdem schwer.

Wenn wir loslassen, betreten wir unbekanntes Terrain. Wir müssen uns neu orientieren und erst noch lernen, mit der neuen Situation umzugehen. Mit dem Gewohnten kennen wir uns aus, aber Neues wirkt bedrohlich, weil wir nicht einschätzen können, welche möglichen Gefahren und Unannehmlichkeiten damit verbunden sind.

Neues entdecken

Wenn Sie sich auf einen neuen Weg begeben, müssen Sie sich Ihren Weg selbst bahnen. Wenn Sie die gewohnte Umgebung verlassen, müssen Sie auch das gewohnte Denken infrage stellen. Das öffnet die Tür in neue Sphären. Sie werden bislang unbekannte Seiten an sich entdecken, neue Fähigkeiten, Stärken und Schwächen. Damit springen Sie hinein ins Abenteuer Leben – ein wunderbarer Schritt! Trauen Sie sich!

Zeit-Check: Das passt nicht mehr in mein jetziges Leben!

Beantworten Sie sich zuerst folgende vier Fragen, um herauszufinden, was Ihnen im Moment in Ihrem Alltag nicht gefällt, was Ihnen unwichtig oder lästig ist. So werden Sie sensibel dafür, wo Sie etwas ändern sollten. Und der erste Schritt zur Veränderung ist Loslassen. Diese Fragen sind keine Charakterprüfung, sondern eine Hilfestellung. Nehmen Sie sich etwas Zeit und füllen Sie die Liste in aller Ruhe, aber so spontan wie möglich aus.

Listmaking

1 Welche alltäglichen Dinge zu Hause nerven mich schon lange? (Z. B. der alte Bademantel, der immer noch im Badezimmer hängt)

- ○ ______________________
- ○ ______________________
- ○ ______________________
- ○ ______________________

KOMMENTAR: Es ist sinnvoll, negative Dinge und Ereignisse zu erkennen. Denn das eröffnet uns die Chance, nach Möglichkeiten zu suchen, um Abhilfe zu schaffen.

2 Welche Dinge habe ich gekauft, weil ich so sein wollte wie eine bestimmte Schauspielerin oder die Kollegin, die ich bewundere? (Z. B. ein Kleid, das Ihnen nicht steht, oder Stöckelschuhe)

- ○ ______________________
- ○ ______________________
- ○ ______________________
- ○ ______________________

KOMMENTAR: Diese Dinge passen nicht zu uns. Wir haben sie gekauft, um einem Wunschbild zu entsprechen. Wenn wir uns dieser falschen Selbstbilder bewusst werden, können wir uns auch davon befreien. Dann entsteht Raum, sich selbst zu entwickeln.

3 Welche Dinge haben Sie gekauft, weil Sie dachten, etwas lernen oder können zu müssen – doch nun liegen sie ungenutzt im Schrank? (Z. B. Italienisch-Lehrbuch, Yoga-Video)

- ○ ______________________
- ○ ______________________
- ○ ______________________
- ○ ______________________

KOMMENTAR: Zu hohe Ansprüche an sich selbst engen ein und verursachen Schuldgefühle. Man muss nicht jedem Trend folgen!

Gerümpel-Check: Warum heben wir etwas auf?

Behalten ist immer leichter als wegwerfen. Meist machen wir uns keine großen Gedanken. Darum sehen wir uns hier einmal genauer an, welche Gründe uns zum Aufheben und Sammeln bewegen. Schreiben Sie bei jedem Grund auf, was von Ihren Sachen darunterfällt. Dies hilft Ihnen dabei, das Gerümpel schon im Geiste zu ordnen. Wir heben Dinge auf …

… aus Gedankenlosigkeit

Darunter fällt jeglicher Krimskrams, den Sie einfach nur so sammeln, ohne sich Gedanken darüber zu machen, warum eigentlich. Gehen Sie durch Ihre Wohnung oder Ihr Haus, überprüfen Sie mal, was da so in Ecken, auf Schränken oder in Schubladen herumliegt, wie zum Beispiel Versandhaus-Kataloge oder Feuerzeuge, und notieren Sie diese Dinge.

- ○ ____________________
- ○ ____________________
- ○ ____________________

Sich vom materiellen Ballast zu befreien bedeutet auch eine mentale Befreiung.

… aus Sicherheitsdenken

Das umfasst den ganzen Krempel, der meist im Speicher oder Keller gelagert wird. Er wird dort aufgehoben für alle Eventualitäten, nach dem Motto: Man weiß ja nie. Eigentlich wissen Sie mit den Sachen nichts mehr anzufangen, glauben aber, sie doch noch irgendwann gebrauchen zu können. Dazu gehören zum Beispiel Taschen oder Koffer, die abgenutzt oder auch kaputt sind. Welche Pläne haben Sie für die Zukunft, in der diese Dinge von Bedeutung sein könnten? Schreiben Sie auf, was bei Ihnen auf zukünftige Einsätze wartet!

- ○ ____________________
- ○ ____________________
- ○ ____________________

… aus Schuldgefühlen

Jeder besitzt Dinge, die er aus schlechtem Gewissen aufbewahrt. Dinge, die man geschenkt bekommen hat und nicht mag, nicht braucht oder hässlich findet. Sie finden bestimmt auch in Ihren vier Wänden solchen Krempel, wie zum Beispiel einen scheußlichen Kerzenständer. Aber trotz dieser Abneigung bringen Sie es nicht übers Herz, diesen Krempel zu entsorgen. Bei welchen Dingen meldet sich ein schlechtes Gewissen?

- ○ ____________________
- ○ ____________________
- ○ ____________________

… weil es unvollendet ist

In jeder Wohnung beziehungsweise jedem Haus gibt es etwas, das auf seine Vollendung wartet. Wir legen es beiseite und warten auf mehr Zeit und Lust, die

Sache endlich in Angriff zu nehmen. Ob es nun das halbfertige Strick- oder Nähzeug ist oder die Urlaubsbilder aus dem vorletzten Jahr, die immer noch in einer Kiste darauf warten, ins Album eingeklebt zu werden. Was schlummert bei Ihnen?

- ○ ____________________
- ○ ____________________
- ○ ____________________

... weil es unorganisiert ist

Wo sind eigentlich die ganzen Landkarten geblieben? In welcher Schublade sind die Manschettenknöpfe versteckt? Wo finde ich die Belege für die Steuererklärung? Dieser Krempel ist besonders unangenehm, weil wir ihn genau dann nicht parat haben, wenn wir ihn bräuchten. Was ist bei Ihnen in den Untiefen von Schränken oder Schubladen auf Nimmerwiedersehen verschwunden?

- ○ ____________________
- ○ ____________________
- ○ ____________________

... aus Tradition

Diese Sachen variieren zwischen heilig und heikel, weil sie eigentlich niemand braucht, aber man sich auch nicht überwinden kann, sie zu entsorgen. Was würde die verstorbene Großmutter dazu sagen, wenn ihr vererbtes Kaffeeservice im Müll landen würde? Nun verstaubt es im Schrank. Was kommt bei Ihnen nie zum Einsatz, hat aber eine gewisse Existenzberechtigung?

- ○ ____________________
- ○ ____________________
- ○ ____________________

... aus Geiz

Das war so teuer! Ein typischer Ausruf, wenn es darum geht, etwas wegzuwerfen. So bleibt der sündteure Ledermantel im Schrank hängen, auch wenn er längst aus der Mode gekommen ist. Er ist eindeutig überflüssig, aber er bleibt, weil man dafür einmal viel Geld bezahlt hat. Was würden Sie gerne beseitigen, tun es aber nicht, weil es sehr teuer war?

- ○ ____________________
- ○ ____________________
- ○ ____________________

Weg damit!

Was denken Sie nun über die Dinge, die Sie aufgeschrieben haben? Passen sie zu Ihnen und Ihrem gegenwärtigen Leben? Sind sie Ihnen nützlich oder wichtig? Wahrscheinlich haben Sie die meisten Dinge als überflüssig entlarvt. Also finden sie ihren Platz in Kiste 3 oder Kiste 4.

Stellen Sie sich in den schönsten Farben vor, wir Ihr Leben ohne das ganze Gerümpel aussieht. Wer vor sich sieht, wie leicht und schön etwas sein kann, löst damit gedankliche Barrieren.

Reinigen und Klären

Jedes Ding, jeder Mensch strahlt eine bestimmte Energie aus, die sich auf die Umgebung auswirkt. Jede Wohnung, jeder Raum ist also erfüllt mit unterschiedlichen Energien. Daher genügt es nicht, aufzuräumen und auszumisten, sondern wir müssen als abschließenden Schritt die Räume reinigen und klären. Nur so entfernen wir auch die Energien des Gerümpels und ermöglichen einen freien Fluss des Chi.

Die Atmosphäre verbessern

Aufräumen und Ausmisten sind die ersten wesentlichen Schritte, um blockierte oder schlechte Energie zu klären und das Chi in positive Schwingung zu versetzen. Reinigen und Klären sind die nächsten Schritte. Zum Saubermachen gehören natürlich die ganz »normalen« Haushaltsarbeiten wie Staubwischen, Kehren, Putzen, Saugen, Wischen und Polieren. Doch gerade nach dem Entrümpeln ist eine besondere Klärung sinnvoll – und auch, wenn in einem Raum besonders negative Energien herrschen. Klären Sie Räume daher nach einem Streit oder einer Auseinandersetzung oder wenn Sie Besuch von jemandem hatten, der Ihnen nicht angenehm war. Nach einer Krankheit sollten Sie ebenfalls den Raum klären, in dem sich der Kranke aufgehalten hat, um die schlechten und stagnierenden Energien zu entfernen.

Räume reinigen

Die Reinigung sollte sofort nach dem Entrümpeln im jeweiligen Raum durchgeführt werden. Wenn Sie ein Regal, einen Schrank oder einen Raum ausgeräumt haben, werden Sie ihn sowieso zuerst putzen, bevor Sie die verbliebenen

Die Energie von Vorbesitzern vertreiben

Schicksale und Charakter der Bewohner prägen die Räume einer Wohnung oder eines Hauses. Oft hängen noch Energien der Vormieter oder Vorbesitzer in den Räumen und können sich auch Jahre später auf uns auswirken. Es ist also sinnvoll, die Atmosphäre in einer Wohnung oder einem Haus zu reinigen und zu klären, wenn Sie dies neu bezogen haben. Dies gilt übrigens auch für alte Möbel oder Gegenstände, die Sie von jemandem »geerbt« oder die Sie gebraucht gekauft haben. Diese tragen ebenfalls noch die Energie der Vorbesitzer mit sich und sollten davon befreit werden, wenn sie in Ihren Besitz übergehen.

Sachen wieder einräumen. Also: Wischen Sie alles, was es verträgt, feucht ab, empfindliche Oberflächen säubern Sie mit einem Staubtuch. Böden werden gefegt und gewischt oder gesaugt, auch Bücher und Ordner kann man gut absaugen. Und lüften Sie die Räume gründlich durch.

»Ob du eilst oder langsam gehst, der Weg vor dir bleibt derselbe.«
Chinesische Weisheit

Wenn Sie genügend Zeit und die Möglichkeit haben, klopfen Sie Teppiche draußen aus. Waschbare Teppiche stecken Sie in die Waschmaschine. Das gilt auch für Gardinen, Vorhänge, Decken etc. Flecken auf dem Teppich oder auf den Polstern werden nach Möglichkeit entfernt. Und Fensterputzen nicht vergessen! Gerade die größeren Arbeiten können Sie auch auf einen anderen Termin verlegen – aber warten Sie nicht zu lange damit.
Grundsätzlich gilt: In Dreck und Staub sammeln sich schlechte Energien. Schieben Sie das Putzen also nicht immer ewig vor sich her.

Räume klären

Selbst wenn wir gründlich aufgeräumt, entrümpelt und geputzt haben, befindet sich noch energetischer Schmutz im Raum, der unsere Energie blockiert. Daher ist ein weiterer Schritt notwendig: Mit dem Klären befreien Sie einen Raum restlos von negativen Energien. Sie können jeden Raum klären, direkt nachdem Sie ihn entrümpelt haben. Doch wenn Sie das im Folgenden beschriebene 24-Stunden-Programm absolvieren, können Sie genauso gut jeweils am Abend oder am Ende der gesamten Aktion alle Räume nacheinander und somit die ganze Wohnung beziehungsweise das gesamte Haus klären. Wie Sie vorgehen, bleibt Ihnen überlassen. Aber lassen Sie diesen Teil nicht weg!
Für die Raumklärung gibt es verschiedene Möglichkeiten, wählen Sie aus, was Ihnen zusagt. Die einfachste Methode ist das Klatschen, also mit Geräuschen klären, und am intensivsten wirkt das Räuchern. Aber auch mit Salz oder Düften können Sie Räume und Gegenstände klären.
Egal, welche Methode Sie verwenden: Nehmen Sie sich Zeit dafür. Sorgen Sie dafür, dass niemand und nichts Sie dabei stören kann. Das Klärungsritual sollte in positiver Stimmung, in Ruhe und Konzentration geschehen.

Räuchern

Das Räucherritual gibt es in fast allen Kulturen, vor allem in Verbindung mit religiösen Aspekten. Früher war es in vielen Dörfern Brauch, zum Jahresende die Häuser zu räuchern, um das neue Jahr erfrischt zu beginnen, und in christlichen Kirchen wird heute noch mit Weihrauch und Myrre geräuchert.
Räuchern vertreibt die alten Energien. Der Rauch zieht in jeden Winkel und bindet schlechte Energien, die dann mit den folgenden Lüften nach draußen verschwinden. Gleichzeitig wird der Raum mit neuer Energie aufgeladen.

Zum Räuchern eignen sich getrocknete Pflanzen und Kräuter, zum Beispiel Salbei, den Sie in Büscheln kaufen können. Halten Sie beim Räuchern die Büschel über eine nicht brennbare Unterlage oder legen Sie sie in eine Schale. Es gibt auch fertige Kräutermischungen oder Harze, wie Weihrauch, die auf glühende Kohle gelegt werden. Zum Räuchern mit Räucherkohle brauchen Sie ein dickwandiges Ton- oder Porzellanschälchen, das Sie mit Sand bis knapp unter den Rand füllen. Zünden Sie die Räucherkohle an, indem Sie sie mit einer größeren Pinzette über eine Flamme halten. Wenn sie durchgeglüht ist, legen Sie sie auf den Sand und legen das Räucherwerk darauf. Nun kann es losgehen.

Gehen Sie in dem Raum, in dem Sie räuchern wollen, jeweils von der Tür aus im Uhrzeigersinn die Wände entlang und dann in einer Spirale in den Raum hinein. Dabei führen Sie das Rauchwerk von oben nach unten an den Wänden entlang, gehen um die Möbel herum – und vergessen Sie die Ecken nicht.

Weihrauch ist ideal zum Räuchern nach dem Entrümpeln. Er wirkt reinigend und lädt gleichzeitig mit positiven Energien auf.

Während Sie durch den Raum gehen, denken Sie oder sprechen Sie aus, welche Absichten und Wünsche Sie mit der Handlung verknüpfen. Zum Beispiel »Alle negativen Energien verschwinden. Ich werde hier in Zukunft konzentriert arbeiten.« Formulieren Sie, was Sie sich wünschen, dadurch wird der Raum mit neuer positiver Energie aufgeladen.

Es wird immer bei geschlossenem Fenster geräuchert. Danach bleibt der Raum noch ein bis drei Stunden geschlossen und erst dann lüften Sie gut durch.

Rosenwasser

Aromatische Pflanzenessenzen werden seit Jahrhunderten zu Heilzwecken und zur Reinigung verwendet. Duftessenzen können zum Beispiel tropfenweise ins Putzwasser gegeben werden. Vor allem Rosenöl hat stark klärende Wirkung auf die Atmosphäre. Es wirkt sehr harmonisierend und vertreibt auch fest sitzende schlechte Energien. Daher eignet es sich perfekt für die Klärung eines Raumes.

Verwenden Sie nur echtes Rosenöl. Es ist zwar teuer, aber in den »naturidentischen« Ölen befinden sich nicht die energetischen Wirkstoffe der echten Rosenblätter. Mischen Sie einige Tropfen Öl mit Wasser (z. B. in einer Blumenspritze) und besprühen Sie damit alles, wo Sie schlechte Energien neutralisieren möchten: Räume, Dinge, Möbelstücke, Bilder, auch Personen … Wenn die Flasche halb leer ist, füllen Sie sie mit Wasser auf. Das können Sie bis zu sechsmal machen, dann sollten Sie wieder Rosenöl zugeben. Die Mischung wird immer schwächer, verträgt aber ein paar Verdünnungen.

Salz

Salz hat intensive reinigende und klärende Wirkung, und zwar auf mehreren Ebenen. Beispielsweise hilft es gegen

Rotweinflecken, befindet sich aber auch im Weihwasser. Für die energetische Reinigung streuen Sie Salz aus, es zieht die negativen Energien an, so wie es den Rotweinfleck aus dem Stoff saugt.
Gehen Sie mit einer Schüssel voll Salz im Uhrzeigersinn durch den Raum und verstreuen das Salz gleichmäßig auf dem Boden, auch in den Ecken. Ziehen Sie immer kleinere Kreise, bis zum Schluss der ganze Raum von Salz bedeckt ist. Stellen Sie sich dabei vor, wie das Salz alle negativen Energien im Raum aufsaugt. Nach ein paar Minuten kehren oder saugen Sie das Salz wieder weg.

Klänge

Wir kennen die heilsame Wirkung von Musik auf Menschen. Sie kann entspannen, aufheitern und auch befreien. Dies lässt sich auch auf Energien in Räumen übertragen: Die Schwingungen eines Klangkörpers durchströmen einen Raum und lösen alte Energien auf. Mit Lärm, wie mit Trommeln und Rasseln, werden traditionell in vielen Kulturen die bösen Geister vertrieben.
Zur Klärung der Atmosphäre in Räumen werden Gongs, Klangschalen, Trommeln, Glöckchen oder Zimbeln verwendet. Gehen Sie mit dem Instrument langsam im Uhrzeigersinn durch den Raum und bringen es zum Klingen. Denken Sie dabei daran, wie Sie damit alle negativen Energien vertreiben und für positive Energien Platz machen.
Viel einfacher und überall leicht einzusetzen ist das Klären durch Klatschen. Dafür gehen Sie ebenfalls im Uhrzeigersinn den Raum ab und klatschen von oben nach unten an den Wänden entlang in die Hände. Die Ecken und Nischen nicht vergessen! Auch hier verbinden Sie Ihre Gedanken mit Ihrem Tun.
Nach der Klärung öffnen Sie die Fenster weit und lassen die alten Energien abziehen.

Rituale stabilisieren

Sie kennen bereits das Ritual des jährlichen Frühjahrsputzes, wenn der Schmutz des dunklen Winters aus dem Haus gekehrt wird und dafür die helle leichte Frühlingsluft Einzug hält. Ebenso sorgt das monatliche Ausmisten oder das wöchentliche Grundreinigen der Wohnung nicht nur dafür, dass sich kein »echter« Schmutz ansammeln kann, sondern kreiert auch ein energetisches Muster in den eigenen vier Wänden. Sie schaffen Raum für Ihre eigenen positiven Energien.
Machen Sie das regelmäßige Reinigen und Klären zu einem Ritual, dies hat stabilisierende Kraft, bringt Struktur in den Alltag und ordnet den Geist. Wenn Sie Ihre Familienmitglieder mit einbeziehen, hat es zudem verbindende Wirkung. So können Sie in mehrerlei Hinsicht davon profitieren.

In 24 Stunden ist alles aufgeräumt

Sind Sie bereit? Bisher haben Sie sich theoretisch ausführlich mit dem Gerümpel in Ihrer Wohnung – und auch in Ihrem Leben – beschäftigt. Nun geht es daran, die Erkenntnisse in die Praxis umzusetzen. Das bedeutet: Entrümpeln Sie Ihre Wohnung oder Ihr Haus, räumen Sie auf. Mit dem 24-Stunden-Programm schaffen Sie dies an einem Wochenende.

Krempeln Sie Ihr Leben um

Im letzten Kapitel haben Sie viel über die Grundlagen des Entrümpelns erfahren. Wenn Sie die Listen ausgefüllt haben, wissen Sie vermutlich etwas mehr darüber, wie Sie zu Ihren Sachen stehen, wovon Sie sich trennen könnten, was Ihnen wichtig ist und woran Ihr Herz hängt. Nun müssen Sie sich nur noch mit ein paar Grundregeln vertraut machen, dann können Sie starten.

Das Gerümpel der anderen ist tabu!

Wenn Sie alleine leben, können Sie ohne Rücksicht auf Verluste wegwerfen, ausmisten und aufräumen. Für Paare oder Familien gilt das nicht. Hier lautet die Regel: Finger weg vom Gerümpel des Partners oder der Kinder!

Nur weil Sie sich innerlich von den alten Sachen verabschiedet haben, trifft das noch lange nicht auf Ihre Mitbewohner zu. Wenn Sie damit anfangen, die Sachen der anderen auszumisten, werden Sie sich Feinde machen. Jeder hängt an seinen Sachen und ist selbst dafür verantwortlich. Bevor man sich nicht selbst damit auseinander setzt, wirken Eingriffe von außen wie ein Angriff.

Auch die wiederholte Aufforderung, endlich aufzuräumen, oder das missionarische Belehren bewirkt meist nur das Gegenteil.

»Gewohnheiten sind zuerst Spinnweben – dann Drähte.«
Fernöstliche Weisheit

Gehen Sie mit gutem Beispiel voran

Machen Sie bei sich klar Schiff und ernten Sie die Früchte dieser Aktion. Strahlen Sie die positive Energie aus, die Ihr Entrümpeln mit sich bringt. Das wirkt garantiert auf Ihre Mitbewohner und motiviert diese nach und nach, es Ihnen gleichzutun. Üben Sie sich in Geduld. Jeder braucht seine Zeit. Sie haben ja vielleicht auch erst dieses Buch gebraucht, um sich darüber klar zu werden, welche Rolle Ihr Gerümpel und Ihre Unordnung spielen. Fest steht jedoch: Entrümpeln wirkt ansteckend! Ihr Partner oder Ihre Kinder werden spüren, welche positiven Auswirkungen das Entrümpeln hat, und es Ihnen früher oder später freiwillig nachmachen.

Der beste Zeitpunkt ist jetzt!

Bevor Sie loslegen, sollten Sie sich innerlich auf das anstehende Wochenende einstimmen. Alles, was Sie beflügelt und festigt, wird Ihnen dabei helfen, auf Ihrem Weg zu bleiben und Ihr Ziel fest im Blick zu behalten. Doch wie legt man den »inneren Schweinehund« an die Kette?

Wer gegen die eigene Schwerkraft kämpfen will, braucht einen starken Verbündeten: seinen Geist. Menschen, die ihre Ziele erreichen, nutzen ihr geistiges Potenzial – oft ohne es zu ahnen. Sie schaffen das auch!

Definieren Sie Ihr Ziel

Vor dem Erfolg steht der brennende Wunsch nach Veränderung. Beantworten Sie sich dazu folgende drei Fragen: Wo will ich hin? Mögliche Antwort: Gut gelaunt und entspannt ausmisten, aufräumen und so mehr Platz gewinnen. Die nächste Frage wäre dann: Was brauche ich, um dieses Ziel zu erreichen? Mögliche Antwort: Ein freies Wochenende, an dem ich absolut ungestört aktiv werden kann. Die letzte und wichtigste Frage aber ist: Was schaffe ich realistisch? Und die Antwort auf diese Frage entscheidet über Ihren Erfolg. Setzen Sie sich ein realistisches Ziel. Wenn Ihnen das 24-Stunden-Programm für den Einstieg zu umfangreich erscheint, dann kreieren Sie Ihren eigenen Plan und machen daraus vielleicht zwei Wochenenden. Sie geben das Tempo vor. Und wenn Sie sich nur einen einzigen Raum vornehmen sollten – Hauptsache, Sie fangen an!

Stimmen Sie sich ein

Indem Sie sich Ihr festgelegtes Ziel – zum Beispiel eine Wohnung, in der es keinen überflüssigen Krempel mehr gibt – so oft wie möglich bildhaft vorstellen, schreiben Sie Ihr geistiges Drehbuch um. Verankern Sie dieses Bild allmählich fest im Langzeitgedächtnis: Stellen Sie sich zum Beispiel vor, wie Sie die Türen zum Kleiderschrank öffnen und alle Hosen, Röcke, Hemden und Blusen geordnet und locker auf Bügeln hängen, ohne Falten und ganz übersichtlich. Malen Sie sich aus, wie es sein wird, wenn andere erkennen, dass Sie sich positiv verändert haben, und neugierig nach Ihrem Geheimnis fragen werden. Genießen Sie das Glücksgefühl. Diese bildhafte Vorstellung ist ungefähr so, als ob Sie im Kino sitzen und sich selbst auf der Leinwand betrachten.

Legen Sie einen Termin fest

Unser Programm besteht aus zweimal zwölf Stunden, also aus zwei Tagen. Sie können dafür zum Beispiel ein Wochenende einplanen, an dem Sie Ihr Zuhause komplett auf den Kopf stellen. Sie können das Ausmisten aber auch in kleine Einzelschritte aufteilen und sich an mehreren Abenden durchs Gerümpel arbeiten. Dazu gehört allerdings mehr Disziplin. Wenn Sie die haben, wunderbar! Wählen Sie den Rhythmus, der Ihnen entspricht.
Die eigene Trägheit oder die Unlust zu überwinden fällt vermutlich nicht leicht. Denn der prüfende Blick in die Rumpelkammer oder den Schrank macht vielleicht alle guten Vorsätze gleich wieder zunichte. Geben Sie der Aufschieberitis keine Chance! Legen Sie ein Wochenende, zwei Tage oder ein paar Abende fest, notieren Sie die Termine im Kalender und halten diese frei.

»Der Mensch, der den Berg versetzte, war derselbe, der anfing, kleine Steine wegzutragen.«
Chinesisches Sprichwort

Die richtige Vorbereitung

Zum Ausmisten und Aufräumen brauchen Sie ein paar Utensilien, und zwar in erster Linie Kisten und Müllsäcke. Eventuell lohnt sich auch die Anschaffung von Regalen, Kisten oder Ordnern, um die verbliebenen Sachen gleich perfekt einräumen zu können. Lesen Sie das 24-Stunden-Programm einmal komplett durch, bevor Sie anfangen, und notieren Sie sich, welche Organisationshilfen Sie vorab besorgen sollten, um Ordnung zu schaffen. Eine kleine Liste mit den notwendigen Hilfsmitteln finden Sie am Ende jedes auszumistenden Orts.

Die Vier-Kisten-Methode, nach der Sie beim Entrümpeln vorgehen werden, haben Sie ja bereits kennen gelernt. Im Kasten finden Sie zur Erinnerung noch einmal eine kurze Übersicht.

Machen Sie Fotos als Erinnerungshilfen

Halten Sie einen Fotoapparat bereit: Machen Sie zu Beginn der Entrümpelung an jedem Ort ein Vorher-Foto und, wenn alles tipptopp ist, ein Nachher-Foto. Diese Erinnerungsfotos werden Ihnen später nicht nur die Wirkung des Aufräumens klar vor Augen führen, sondern auch Ihren Erfolg dokumentieren und als Gedächtnisstütze dabei helfen, weiterhin Ordnung zu halten. Ein Blick auf das Nachher-Foto genügt dann meist schon, um gleich wieder aktiv zu werden.

Nach dem Entrümpeln

Die Müllkisten sollten Sie nach dem Ausmisten so schnell wie möglich entsorgen. Was nicht in den Hausmüll darf, bringen Sie zum Wertstoffhof, wo Sie den Krempel kostenlos abgeben können. Oft finden sich dort auch Abnehmer für einzelne Stücke. Kaputte Dinge, die Sie aufheben wollen, sollten Sie schnellstmöglich reparieren oder zur Reparatur geben. Setzen Sie sich eine Frist dafür. Was bis zur nächsten Entrümpelungsaktion liegen bleibt, gehört in den Müll.

Die Themen der vier Kisten

KISTE 1: Aufheben! Diese Sachen will ich unbedingt behalten. Das bleibt!

KISTE 2: Überlegen! Diese Sachen brauche ich nicht mehr, ich kann mich aber nicht so schnell davon trennen.

KISTE 3: Weggeben! Diese Sachen brauche ich nicht mehr, ich kann sie jedoch vielleicht noch verschenken oder verkaufen.

KISTE 4: Wegwerfen! Diese Sachen kann ich ohne Wenn und Aber wegschmeißen. Weg damit!

Der Navigations-Check

Jeder hat unterschiedliche Orte, an denen er sein Gerümpel hortet, und jede Wohnung, jedes Haus ist anders. Wir haben unser 24-Stunden-Programm an einer klassischen Wohnsituation ausgerichtet:
1. Tag: Eingangsbereich, Wohnzimmer, Küche, Schlafzimmer, Kleiderschrank.
2. Tag: Badezimmer, Kinderzimmer, Abstellkammer, Arbeitszimmer, Sammlungen, Treppen, Keller.
Wenn noch Zeit vorhanden ist: Garten, Balkon, Terrasse, Garage, Speicher etc.
Wenn dies Ihnen nicht entspricht, können Sie Ihr eigenes Programm zusammenstellen. Dafür ist eine genaue Übersicht über Ihre »Gerümpelbereiche« hilfreich, die Sie mithilfe der folgenden Tabelle gewinnen.

IHR INDIVIDUELLES ENTRÜMPELUNGSPROGRAMM

Ort/Raum	**vorhanden**	**Gerümpel-status**	**Gerümpel-gedanken**	**Zeitaufwand**
	ja/nein	wenig/mittel/ viel	kein Problem/ gemischt/fällt mir schwer	gering/mittel/ hoch
Abstellkammer				
Arbeitszimmer				
Badezimmer				
Balkon				
Eingangsbereich				
Esszimmer				
Garage				
Garten				
Gästezimmer				
Keller				
Kinderzimmer				
Küche				
Schlafzimmer				
Speicher				
Terrasse				
Wohnzimmer				

Das erste Zwölf-Stunden-Programm

Am ersten Tag stehen Eingangsbereich, Wohnzimmer, Küche, Schlafzimmer und Kleiderschrank auf dem Programm. Wie lange Sie für die einzelnen Räume beziehungsweise Bereiche brauchen, hängt von Ihren individuellen Gegebenheiten ab. Wir haben einen Zeitrahmen vorgegeben, an dem Sie sich orientieren können. Auch wenn Sie ihn an Ihre Situation anpassen – behalten Sie die Zeit im Auge und verzetteln Sie sich nicht. Denken Sie daran: Sie können die Aktion so oft wiederholen, wie Sie wollen. Sie können jederzeit ein Zimmer, einen Bereich oder einen Schrank entrümpeln.

Finden Sie Ihr Tagesmotto

Stellen Sie den heutigen Tag unter ein Motto. Das könnte zum Beispiel lauten: »Mein Gefühl lässt mich nicht im Stich.« Dieses Motto soll Ihnen dabei helfen, beim Ausmisten auf Ihr Gefühl zu vertrauen. Sagen Sie sich diese Satz so oft wie möglich, er wird Ihr Selbstvertrauen stärken. Denn intuitiv getroffene Entscheidungen sind oft die besten. Da Sie heute alleine sind, können Sie niemanden zurate ziehen. Und das ist auch so gut. Es geht nur um Sie in diesem Programm. Vertrauen Sie also auf Ihr Bauchgefühl, und wenn Zweifel oder Ängste Sie überfallen, dann sagen Sie laut: »Mein Gefühl lässt mich nicht im Stich!«

Der Eingangsbereich

Eingang, Diele und Flur sind Ihre Visitenkarte und repräsentieren Ihre Verbindung zur Welt. Jeder Gast betritt als Erstes diesen Bereich und bekommt bereits auf der Türschwelle einen Eindruck von Ihnen. Aber schon der Weg zur Eingangstür ist wichtig. Testen Sie es selbst: Kommen Sie einmal ganz bewusst nach Hause und prüfen Sie, ob Ihre Eingangstür leicht zu finden, der Weg dorthin einladend und freundlich gestaltet, vor allem frei von Gerümpel ist. Bei Wohnungen gilt das Gleiche sowohl für die Haustür und den Hausflur als auch für die Wohnungstür. Bevor Sie innen anfangen, sollten Sie »vor der Tür kehren«. Räumen Sie weg, was dort nichts verloren hat und was den Weg verstellt.

Schaffen Sie eine einladende Atmosphäre, damit sich der Eintretende willkommen und wohl fühlt. Der Eingang ist schließlich der erste Eindruck, den ein Gast von Ihnen bekommt

8.00–10.00 Uhr

- Garderobe
- Schuhschrank
- Kommode
- Schlüssel
- Taschen

Bereiten Sie einen herzlichen Empfang

Erst wenn vor Ihrer Eingangstür alles tipptopp ist, sollten Sie sich den inneren Bereich vornehmen. Der Eingangsbereich ist kein überflüssiges Muss oder bloßer Windfang, sondern der erste Eindruck, den Sie dem Besucher vermitteln. Es geht nicht darum, die Menschen, die zu Ihnen kommen, zu beeindrucken, sondern willkommen zu heißen. Überprüfen Sie jetzt sofort die Wirkung: Schlüpfen Sie in eine Jacke, verlassen Sie Haus oder Wohnung und treten Sie so ein, als würden Sie zum ersten Mal hereinkommen. Lässt sich die Tür vollkommen und problemlos öffnen? Wenn etwas hinter der Tür steht, muss es weg: Es blockiert im wahrsten Wortsinn das Weiterkommen. Auch eine quietschende Tür ist ein Hindernis: Ein paar Tropfen Öl beheben das Problem blitzschnell. Sie können nach dem Betreten Ihres Zuhauses noch einen zweiten Check machen: Stellen Sie sich vor, ein Fotograf würde Ihr Entree für eine Einrichtungszeitschrift fotografieren wollen. Was sieht er als Erstes, worauf fällt sofort der Blick? Überprüfen Sie diesen Eindruck und spüren Sie nach, wie Sie sich dabei fühlen. Ist es genau das, was Sie einem Gast schon beim Betreten Ihres Eingangsbereiches gerne von sich zeigen wollen?
Im Eingangsbereich – dazu gehört der Flur oder die Diele – sollte also nichts Überflüssiges oder Unschönes den Weg oder Blick versperren. Es würde im übertragenen Sinne Ihre persönliche Entwicklung behindern und damit auch Ihr Leben komplizierter machen. Machen Sie es sich und den sich bietenden Chancen doch leicht!

Entlasten Sie die Garderobe

Oft hängen zu viele Jacken, Mäntel, Mützen und Schals an den Garderobenhaken. Aber wohin damit? Für Mützen und Schals findet sich sicher ein Platz in der Kommode. Und einen Teil der Jacken und Mäntel könnten Sie vielleicht im Kleiderschrank unterbringen, sodass nur ein, zwei Stücke, die wirklich gebraucht werden, an der Garderobe hängen. Im Kleiderschrank ist kein Platz? Das Problem werden Sie heute noch lösen (siehe Seite 79ff.). Hängen Sie erst einmal die überflüssigen Jacken und Mäntel außen an den Kleiderschrank. In wenigen Stunden werden Sie im Schrank ausreichend Platz dafür haben.
Gleichzeitig misten Sie natürlich aus und sortieren kaputte Teile und jene, die Sie nicht mehr tragen, aus.

Stellen Sie Schuhe weg

Den ersten Eindruck stören auch Schuhe, die am Boden stehen. Ein Schuhschrank im Eingangsbereich oder ein Regal in der Abstellkammer beseitigt dieses Problem am besten. Sie finden bestimmt noch Platz dafür.

Wenn es bereits einen Schuhschrank gibt, misten Sie diesen jetzt aus, um Platz zu schaffen. Frauen fällt es erfahrungsgemäß schwerer, sich von Schuhen zu trennen, da hilft methodisches Vorgehen. Sortieren Sie nach Winter- und Sommerschuhen und fragen Sie sich bei jedem Paar: Wann habe ich die zum letzten Mal getragen? Werde ich sie innerhalb der nächsten zwölf Monate tragen? Schlüpfen Sie hinein, gehen Sie damit im Flur auf und ab und testen Sie den Schuh, als befänden Sie sich gerade zum Kauf eines neuen Paars im Schuhgeschäft: Würde Ihre Wahl auf die Schuhe fallen, die Sie gerade anprobieren? Falls nicht, gehören sie in Kiste 4. Aber die sind doch noch gut? Dann wäre Kiste 3 ideal, oder? Aber nicht mehr Ihr Schuhschrank.
Kaputte Schuhe sollten sofort zum Schuster gebracht oder gleich aussortiert werden. Putzen Sie die verbleibenden Exemplare und bringen Sie die Schuhe wieder auf Hochglanz. Fehlende oder zerrissene Schnürsenkel werden ersetzt. Bei dieser Gelegenheit können Sie auch gleich Ihr Schuhputzzeug durchsehen, leere Tuben und Dosen wegwerfen, alles in eine kleine Kiste packen und in den Schrank dazustellen.

Misten Sie Kommoden aus

Falls im Flur oder in der Diele ein Schrank oder eine Kommode steht, sollten Sie den Inhalt inspizieren und ausmisten. Alte Telefonbücher, längst erledigte Notizen, alte Kalender, Prospekte etc. wandern in den Abfall. Nehmen Sie sich auch die Schlüssel vor. Gibt da vielleicht herrenlose Schlüssel, von denen niemand mehr weiß, zu welchem Schloss die eigentlich noch gehören? Sortieren Sie die überflüssigen Schlüssel aus, versehen Sie die restlichen mit Etiketten. Vielleicht besorgen Sie ein Schlüsselschränkchen, damit Sie den Überblick behalten?

Sortieren Sie Taschen aus

Taschen, Tüten oder Aktenkoffer sollten nicht achtlos im Eingangsbereich und Flur herumstehen. Werfen Sie alle Tüten und Einkaufstaschen weg, bis auf ein paar praktische Exemplare, die Sie wirklich verwenden. Auch Tüten von Designerläden müssen sich nicht wie Trophäen stapeln. Wenn Sie sich schon die Taschen vornehmen, lohnt sich für Frauen ein Blick in die Handtasche, bei Männern ein Check des Aktenkoffers. Was schleppen Sie denn so alles mit sich herum? Höchste Zeit, mal wieder auszumisten und Abfall wie alte Taschentücher, kaputte Kugelschreiber, Eintrittskarten etc. wegzuwerfen. Ein Griff in Jacken- und Manteltaschen befördert auch manches lang Vermisste und viel Überflüssiges ans Licht. Münzen, Schlüssel und Brauchbares werden dort verstaut, wo sie hingehören, der Rest wandert in den Müll.

Spüren Sie den Unterschied

Ein weiterer Störfaktor im Flur kann herumliegendes Spielzeug der Kinder sein. Die Sachen der Kleinen gehören nach dem Gebrauch wieder zurück ins Kinderzimmer, räumen Sie sie also weg. Wenn Sie später gemeinsam mit Ihren Kindern deren Zimmer aufräumen, können Sie ihnen beibringen, welchen Vorteil es hat, regelmäßig zu entrümpeln und Ordnung zu halten.

Machen Sie alle Durchgänge frei, sodass die Energie frei fließen kann. Denken Sie immer daran, Ihr Zuhause ist ein Spiegel Ihrer Seele. Wenn Sie Ihren Eingangsbereich ausgemistet und aufgeräumt haben, sollten Sie die Probe aufs Exempel machen. Betreten Sie Ihre Wohnung nun wie ein Gast und versuchen Sie diesen ersten Bereich Ihres Zuhauses mit anderen Augen zu sehen. Wenn Sie das Gefühl haben, hier gerne einzutreten, und sich sofort willkommen fühlen, werden Ihnen Ihre Mitmenschen bald auch viel offener gegenübertreten. Nicht vergessen: das Vorher- und Nachher-Foto!

Eventuell nützliche Hilfsmittel:

- Regale für Schuhe
- Schuhschrank
- Kleine Kiste für Schuhputzzeug
- Schlüsselschränkchen

Die Laufschuhe

Kiste 2

Beim Aufräumen entdecken Sie im Schuhschrank vielleicht ein paar Sportschuhe, die Sie schon ewig nicht mehr getragen haben. Eigentlich schade, dass der gute Vorsatz, mal wieder sportlich aktiv zu werden, genauso schnell vergessen war wie die Schuhe. Schlüpfen Sie doch mal hinein und probieren Sie, ob die Schuhe überhaupt noch passen. Sie sitzen wie angegossen und sehen aus wie neu? Kein Wunder, Sie haben die Laufschuhe ja auch kaum getragen. Wäre das nicht eine gute Gelegenheit, die Schuhe zu behalten, unübersehbar und griffbereit im Schuhschrank einzuräumen, verbunden mit dem festen Vorsatz, sie auch bald zu tragen? Wenn Sie jetzt innerlich Lust dazu verspüren, dann fällt die Entscheidung ganz klar für Kiste 1: Behalten Sie die Schuhe und laufen Sie bald darin los!

Das Wohnzimmer

Ihr Wohnzimmer bildet vermutlich das Zentrum Ihres Wohnens. Hier sollen Sie relaxen, lesen, fernsehen, Musik hören und mit dem Partner, der Familie oder Freunden angenehme Stunden verbringen können. Betrachten Sie es wie Ihr Herz: Hier fließt alles zusammen. Wenn sich bei Ihnen dieser Mittelpunkt mehr aufs Esszimmer oder die Küche verlagert, gelten dort die gleichen Regeln wie fürs Wohnzimmer.
Was in den folgenden Abschnitten beschrieben wird, kann bei Bedarf auch übertragen werden. So gelten die Tipps für das Entrümpeln der Bücherregale natürlich auch für das Kochbuchregal in der Küche, und Deko und Bilder gibt es auch in anderen Räumen.

10.00–12.00 Uhr

- Bücherregale
- Dekoration
- Zeitschriften
- Schubladen
- CDs, Videos, DVDs
- Pflanzen

Entrümpeln Sie die Bücherregale

Um im Wohnzimmer Raum für neue Möglichkeiten zu schaffen, muss das überflüssige Gerümpel verschwinden. Nehmen Sie sich als Erstes die Bücherregale vor: Herrscht hier ein großes Durcheinander oder wirkt das Regal wie ein schönes buntes Bild?
Menschen, die viel lesen und Bücher sammeln, trennen sich nur schwer davon. Wenn Sie dazugehören, sollten Sie auf Seite 97ff. nachlesen, was dort über Sammelleidenschaft steht. Alte Bücher, die im Regal verstauben, binden Energie. Wenn sich zu viele davon in den Regalen drängen, sind Sie nicht offen für neue Strömungen. Vielleicht stapeln sich die Bücher schon auf dem Boden und auf Kommoden, weil Sie nicht mehr wissen, wohin damit? Dann wird es höchste Zeit, sich von Überholtem zu trennen. Misten Sie Ihr Bücherregal aus, indem Sie jedes Buch kurz anschauen und sich fragen, ob der Inhalt heute noch von Bedeutung für Sie ist oder ob Sie innerhalb der nächsten zwölf Monate noch einmal darin lesen werden. Falls die Antwort Nein lautet, legen Sie das Buch sofort in Kiste 3 oder 4. Überlegen Sie nicht lange, sondern entscheiden Sie schnell! So fällt es leichter, sich davon zu trennen. Zerfledderte Bücher wandern ausnahmslos in Kiste 4. Behalten Sie nur die Exemplare, die Ihnen heute noch wichtig sind.
Gebrauchte und gut erhaltene Bücher können Sie in Krankenhaus- und Gefängnisbibliotheken oder Altenheimen abgeben. Fragen Sie jedoch vorher nach, ob Bedarf besteht. Vielleicht interessieren sich auch Bekannte oder Freunde für einige Ihrer aussortierten Bücher. Dann veranstalten Sie einen kleinen Bücherflohmarkt. Falls Ihre Bücher keine neuen Besitzer finden, bleiben Sie hart und lassen Sie los. In Ihrem Bücherregal sollte nach dem Ausmisten neue Ordnung einkehren und auch eine gewisse »Leere«, die Platz für neue Bücher lässt.

Die Lust an der Lücke

Sie haben sich von vielen Büchern getrennt und die übrigen wieder systematisch eingeräumt. Dabei stellen Sie fest, dass Sie mehr Platz in den Regalen haben. Wunderbar! Lassen Sie Lücken zwischen den Büchern und stellen Sie dazwischen dekorative Gegenstände wie Vasen, Fotos oder Figuren auf. Das lockert die Bücherwand auf und aktiviert das Chi.

Entwirren Sie die Dekoration

Nach dieser Aktion geht es an die Dekorationsgegenstände. Gibt es Stücke, die Ihnen jedes Mal beim Saubermachen auf die Nerven gehen? Dann weg damit! Der ganze Krimskrams, der sich auf Fensterbänken, Regalen, Kommoden und Tischchen angesammelt hat, sollte nicht nur als Staubfänger fungieren. Werden Sie ein »Leertischler«: Bevorzugen Sie leere Oberflächen, auf denen wenige ausgewählte Stücke Platz nehmen dürfen! Denn Nippes ist Krempel, der Sie belastet. Behalten Sie nur die schönsten Stücke, deren Anblick Sie erfreut oder die mit schönen Erinnerungen verbunden sind. Für Dekoration sollte immer gelten: Weniger ist mehr! Nach dem Ausmisten sollten Sie den »Überlebenden« neue Plätze geben, wo jedes Ding besonders gut zur Geltung kommt.

Auch die Fotos in Bilderrahmen, die Sie ausstellen, sollten Sie unter die Lupe nehmen. Beschränken Sie sich auf Fotos, die Sie an schöne Momente erinnern und die Menschen so abbilden, dass Sie sich gern daran erinnern. Fotos von ungeliebten Familienmitgliedern oder Freunden, mit denen Sie keinen Kontakt mehr haben, sollten Sie wegräumen. Schaffen Sie Platz für neue schöne Momente und neue Beziehungen, die Sie in schöne Rahmen stecken.

Keine Angst – Sie müssen nicht alles, was Sie nicht mehr ins Regal stellen, gleich wegwerfen. Einiges kann erst einmal in der Kiste 2 Platz finden. Später überlegen Sie in Ruhe, was davon Ihnen wirklich wichtig ist. Wenn Sie sich trennen wollen, hilft Ihnen der Tipp im Kasten. Vielleicht sind aber auch ein paar Stücke dabei, die Sie nicht mehr im Regal brauchen, die Ihnen aber trotzdem sehr viel bedeuten. Diese packen Sie in Ihre Schatzkiste.

Werfen Sie alte Zeitschriften weg

Nehmen Sie sich nun Ihre Zeitschriftenecke vor. Sollten die Magazine in der ganzen Wohnung verteilt sind, sammeln Sie alle Exemplare und legen sie an einem bestimmten Ort ab. Sortieren Sie die alten Hefte und Zeitungen aus, behalten Sie nur, was Sie wirklich noch einmal in die Hand nehmen werden. Das gilt auch für Prospekte oder Versandhauskataloge. Was nicht mehr aktuell ist und nicht mehr gebraucht wird, wandert in den Müll. Gewöhnen Sie sich an, die Zeitschriftenecke regelmäßig zu aktualisieren und auszumisten. Sie wollen doch nach vorne blicken und nicht rückwärts gewandt leben. Checken Sie dabei auch einmal Ihre Abonnements. Sind die noch aktuell? Lesen Sie die bestellten Zeitschriften wirklich? Kündigen Sie sofort, was Sie nicht mehr brauchen.

Checken Sie alle Schubladen

Nun sind Schränke, Kommoden und Vitrinen an der Reihe. In den Schubladen herrscht meist das größte Durcheinander, also seien Sie nicht zimperlich. Was Sie nicht mehr brauchen, kann verschwinden.
Und wie sieht es im Schrank aus? Müssen die überladen dekorierten Meißner Schalen, die hier seit Jahren stehen und nie zum Einsatz kommen, wirklich bleiben? Sie sind ein Erbstück oder ein wertvolles

Erinnerungsstücke loslassen

Kiste

Vielleicht fällt Ihnen beim Ausmisten ein kleines Kästchen, ein Umschlag oder ein Täschchen in die Hand. Beim Öffnen entdecken Sie ein Andenken oder Mitbringsel: vielleicht eine kleine Muschel, die Sie vor Jahren am Strand gefunden haben, eine Postkarte, die Sie nie abgeschickt haben, oder Münzen ausländischer Währung aus einem exotischen Land. Seit Jahren schlummern diese Erinnerungsstücke unbeachtet bei Ihnen, doch jetzt fällt die Trennung seltsam schwer. Der Feng-Shui-Tipp, wie Sie Erinnerungsstücke loslassen: Schwelgen Sie ein paar Minuten in der Vergangenheit. Halten Sie das Mitbringsel fest in der Hand, schließen Sie die Augen und fühlen Sie die Energie. Beobachten Sie, welche Gedanken Ihnen dabei in den Sinn kommen. Lassen Sie sich Zeit für diese Gefühle. Wenn Sie so weit sind, öffnen Sie wieder die Augen und verabschieden Sie sich ganz bewusst von diesem Teil, das Ihre Vergangenheit, aber nicht mehr Ihre Gegenwart repräsentiert. Bedanken Sie sich für die schöne Zeit und die guten Erinnerungen. Und dann lassen Sie mit leichtem Herzen los. Denn mit diesem Ritual können Sie jetzt mit dieser Lebensphase abschließen.

Geschenk, lautet oft der Einwand. Na und? Wenn sie in Ihrem Leben heute keine Rolle spielen, sind sie nur Ballast. Vielleicht können Sie die Schalen per Internet oder Kleinanzeige verkaufen. Vielleicht freut sich aber auch ein Familienmitglied darüber. Wenn Sie sie auf diese Weise nicht loswerden, geben Sie sie an eine wohltätige Organisation oder einen Trödelladen ab. Sollten Sie keine entsprechende Adresse finden, dann überwinden Sie Ihr schlechtes Gewissen und packen sie in Kiste 4. Genieren Sie sich nicht, es wird Sie garantiert niemand danach fragen. Aber Ihnen geht es danach mit Sicherheit deutlich besser und Sie werden bald keinen Gedanken mehr daran verschwenden.

»Wenn der Wind des Wandels weht, bauen die einen Schutzmauern, die anderen Windmühlen.« Chinesisches Sprichwort

Ganz egal, was Sie in den Schränken aufbewahren: Was keinen Nutzen mehr für Sie hat, hat dort nichts mehr zu suchen, auch wenn es teuer war, ein Geschenk war oder antik ist. Entrümpeln Sie die Schränke, so gut Sie können! Sie entlasten damit Ihr Selbst.

Sortieren Sie Videos und CDs

Inzwischen besitzen viele eine große Sammlung von CDs, DVDs und Videos. Platzen Ihre Regale schon aus allen Nähten? Dann sortieren Sie aus, was Sie nicht mehr anhören oder ansehen werden. Der Musikgeschmack ändert sich, und nur aus nostalgischen Gründen brauchen Sie keine CD aufzubewahren. Bei den Filmen seien Sie kritisch: Die selbst aufgenommenen Filme, die Sie innerhalb von drei Monaten noch nicht gesehen haben, werden Sie auch in Zukunft nicht anschauen. Also weg mit den Kassetten. Und welchen bereits gesehenen Film möchten Sie wirklich ein zweites Mal anschauen?

Verschenken Sie großzügig oder werfen Sie das Aussortierte in den Müll. Manches lässt sich vielleicht auch noch verkaufen.

Entweihen Sie den Fernseher

Die Flimmerkiste steht in vielen Wohnzimmern im Zentrum. Alle Sitzgelegenheiten sind darauf ausgerichtet. Warum eigentlich? Das Wohnzimmer sollte doch Treffpunkt und Kraftzentrum sein. Der Fernseher sollte nicht auf einem »Altar« stehen, auf den alle Blicke gerichtet sind. Optimal ist es, wenn ein Tisch im Mittelpunkt des Raums steht, um den sich Familie, Freunde und Gäste versammeln können. Wenn alle Sitzmöglichkeiten auf das TV-Gerät ausgerichtet sind, wird im Wohnzimmer eher Sprachlosigkeit als Austausch vorherrschen. Fragen Sie sich selbst, was Sie in Ihrem Wohnzimmer erleben möchten. Dieser Bereich soll Ihre Bedürfnisse repräsentieren und nicht die einer TV-Anstalt. Da das Wohnzimmer Treffpunkt für alle Familienmitglieder sein soll, ist es wichtig, dass sich hier alle wohl fühlen können.

Überprüfen Sie Blumen & Co.

Vom praktischen Standpunkt aus mögen Kunst- oder Trockenblumen sehr nützlich sein. Aber sie strahlen keine Vitalität aus, sondern fangen nur den Staub ein. Wenn Sie unechte Blumen besitzen, müssen Sie sie daher unbedingt regelmäßig »entstauben«. Besser sind jedoch echte Pflanzen und frische Blumen. Topfpflanzen können das Raumklima erheblich verbessern, wenn sie gut gepflegt und gesund sind. Allerdings gilt es auch hier, Maß zu halten. Ein Zimmerurwald kann einengend wirken und schluckt zu viel Licht. Verwelkte, unansehnliche und kranke Pflanzen sollten Sie behandeln oder ausmisten, sie transportieren keine gute Energie. Außerdem gilt auch für Pflanzen: Stellen Sie nur die auf, die Sie wirklich mögen. Der Gummibaum von Ihrer Schwiegermutter wächst und gedeiht – doch Sie können ihn nicht leiden? Sie finden bestimmt jemanden, der sich darüber freut!

Fenster sind die Augen nach draußen. Ein freier Blick ist positiv und sorgt für Offenheit. Mit Pflanzen oder Nippes zugestellte Fenster blockieren den Energiefluss.

Eventuell nützliche Hilfsmittel:

- Behältnis zum Aufbewahren von Zeitschriften
- Regal oder Kisten für CDs, DVDs und Videos
- Beistelltisch auf Rollen für TV-Gerät
- Schöne Bilderrahmen für Fotos
- Frische Blumenerde
- Schöne Pflanzenkübel
- Vasen für Schnittblumen

Mittagspause

Sie haben sich eine Pause verdient. Wie fühlen Sie sich nach Ihren ersten Entrümpelungserfahrungen? Spüren Sie schon Erleichterung und vielleicht sogar Stolz? Zu Recht! Denn Sie sind dabei, sich von Vergangenem zu lösen und den Boden für neue, schöne Erfahrungen zu bereiten. Ein Blick in die Kisten 3 und 4, die sich hoffentlich schon gut gefüllt haben, sollte Sie in Ihrem Tun bestärken. Und damit Sie genügend Energie für die nächste Runde haben, sollten Sie sich mit einem leichten, leckeren Imbiss stärken und danach kurz die Beine hochlegen. Ruhen Sie aus und schöpfen Sie Kraft für die nächste Runde.

13.00–15.30 Uhr

- Kühlschrank
- Gefrierschrank
- Gewürze
- Vorräte
- Küchenschränke
- Haushaltgeräte

Die Küche

Kochen hat eine elementare Funktion in unserem Leben. Mit der Nahrung nehmen wir Energie auf, gesunde und wertvolle Nahrung stärkt unser Chi. Kochen und Essen bedeuten aber auch Lebensfreude und Genuss. Der Küche kommt daher beim Ausmisten eine große Bedeutung zu: In diesem Raum sollte alles frisch, sauber und aufgeräumt sein.
Früher war die Küche stets der wärmste Raum im Haus, dort hielten sich die Menschen am meisten auf. Dann verlor die Küche als Wohnraum an Bedeutung. In vielen Wohnungen ist sie so klein, dass darin kein Tisch Platz findet, und oft auch eng und dunkel. In solchen Küchen macht es nicht viel Freude, ein gutes Essen zuzubereiten. Inzwischen hat sich die Einstellung zum Glück gewandelt und der Küche kommt wieder die Bedeutung zu, die sie verdient: Sie ist eine wichtige Quelle für die Lebensenergie. Schließlich ist die Gesundheit für unser Wohlergehen von größter Bedeutung.
Das chinesische Wort für Küche klingt wie das Wort für »Reichtum«, was viel über die Wertigkeit aussagt. Und wer eine große Küche hat, kennt dieses Phänomen: Bei einer privaten Party sammeln sich die Gäste in der Küche. Der Kochplatz hat einfach magische Anziehungskraft.
Nahrung bedeutet Schwingung, mit der wir uns aufladen können. Hochwertige Nahrung fördert unser Chi. Grundvoraussetzung für eine gute Küche sind ausreichender Platz und genügend Arbeitsflächen.

Reinigen Sie den Kühlschrank

Werfen Sie als Erstes einen genauen Blick in die Untiefen Ihres Kühlschranks. Tummeln sich da vielleicht Lebensmittel, deren Verfallsdatum längst abgelaufen ist oder deren Inhalt bereits von Schimmel besiedelt ist? Entfernen Sie die »Lebensmittelleichen« sofort! Räumen Sie den Kühlschrank komplett aus, werfen Sie weg, was abgelaufen oder nicht mehr in Ordnung ist. Reinigen Sie den Kühlschrank gründlich, bevor Sie die übrig gebliebenen Sachen wieder zurückstellen.
Damit Lebensmittel im Kühlschrank eine lange Lebensdauer haben, sollten sie korrekt gelagert werden. In den beiden mittleren Fächern herrschen maximal fünf Grad, hier wird leicht Verderbliches wie Fisch, Fleisch und Wurst gelagert. Obst und Gemüse bleiben unverpackt im Bodenfach (Schublade) frisch, hier beträgt die Temperatur bis zehn Grad. Legen Sie Küchenkrepp auf den Boden, dies saugt die Feuchtigkeit auf. Im obersten Fach bei acht Grad sind Milchprodukte und Käse gut aufgehoben. Die Türfächer sind mit 15 Grad für Eier, Senf, Butter, Mayonnaise, Ketchup oder Getränke ideal. Beim Einräumen hilft die FIFO-

Methode: First-In-First-Out. Frisch Gekauftes wandert nach hinten, ältere Lebensmittel rutschen in die erste Reihe. Wenn Sie sich danach richten, behalten Sie leichter den Überblick über den Kühlschrankinhalt.

Enteisen Sie Gefrierfächer

Als Nächstes sind Gefrierfach beziehungsweise Kühltruhe an der Reihe. Auch Tiefgefrorenes hat nur eine begrenzte Haltbarkeit. Misten Sie alles aus, was länger als sechs Monate in der Truhe schlummert. Lebensmittel ohne Haltbarkeitsdatum werden ebenfalls entsorgt. Bei der Gelegenheit können Sie das Fach oder die Truhe auch gleich abtauen. Bevor Sie die Kühlung dann wieder einschalten, wird das Gefrierfach natürlich gründlich gereinigt. Beim Einräumen von neu Gekauftem wenden Sie auch hier die FIFO-Methode an.

Ordnen Sie Gewürze & Co.

Getrocknete Kräuter und Gewürze sind zwar lange haltbar und werden selten »schlecht«, doch nach einer gewissen Zeit verlieren sie an Aroma. Durchforsten Sie daher Ihren Gewürzschrank nach alten Tütchen und Döschen und werfen Sie diese weg. Eine gute Alternative sind Gewürzkörner, die jeweils frisch gemahlen werden, sie behalten deutlich länger ihr Aroma.

Sind Sie außerdem das ewige Suchen nach einem Gewürz leid? Dann wird nach dem Ausmisten konsequent Ordnung geschaffen: Füllen Sie die Gewürze in Gläser um, die Sie beschriften und übersichtlich anordnen. Für die Gewürze, die Sie häufig verwenden, ist ein Gewürzregal praktisch. Falls Sie noch keines haben, sollten Sie sich eines anschaffen. Vorratspackungen können Sie gut verschließen und zusammen in einer Dose verstauen. Dort halten sie das Aroma besser als im Schrank.

Auch Tee überlebt nicht ewig und verliert mit der Zeit sein Aroma. Inspizieren Sie deshalb Ihre Teevorräte, checken Sie das Haltbarkeitsdatum und misten Sie aus.

Kontrollieren Sie Vorräte

Speisekammern oder Vorratsschränke müssen ebenfalls gelegentlich ausgemistet und gereinigt werden. Uralte Konserven und vergammelte Lebensmittel wandern sofort in den Müll. Angebrochene Packungen inspizieren Sie genau: Ist der Inhalt noch genießbar oder vielleicht von Schädlingen, zum Beispiel Lebensmittelmotten, befallen? In letzterem Fall sind sie sofort zu entsorgen, außerdem müssen Sie den Schrank oder das Regal besonders gründlich säubern, damit die Schädlinge sich nicht einnisten können.

Fragen Sie sich außerdem bei allen Vorräten, ob angebrochen oder nicht: Werden Sie sie innerhalb der Haltbarkeitszeit wirklich verbrauchen? Falls nicht, steht Kiste 3 bereit. Sortieren Sie alles aus, von dem Sie wissen, dass Sie es spätestens bei der nächsten Entrümpelungsaktion wegwerfen werden. Vielleicht kennen Sie jemanden, der diese Lebensmittel gebrauchen kann. Oder Sie spenden sie: Es gibt inzwischen in jeder größeren Stadt eine »Tafel«, das sind Organisationen, die Lebensmittel sammeln (auch kürzlich abgelaufene) und an Bedürftige abgeben.
Vorsicht gilt bei Konserven mit gewölbtem Deckel, diese sind in jedem Fall zu entsorgen, denn sie sind vermutlich mit dem Bakterium Clostridium botulinum befallen, welches das hochgiftige Botulinumtoxin bildet. Schon eine Minidosis ist tödlich.
Befindet sich Ihr Vorratsraum oder -regal im Keller, tragen Sie Ihre vier Kisten hinunter und sortieren Sie aus. Der restliche Keller ist erst morgen an der Reihe.

Inspizieren Sie Küchenschränke

Nach den Lebensmitteln und Vorräten sind die Küchenschränke fällig. Töpfe und Pfannen, Bleche und Formen sind nur von Wert, wenn sie sauber sind und ihre Funktion noch optimal erfüllen. Alte und kaputte Gerätschaften können Sie getrost entsorgen. Für Porzellan, Gläser und Besteck gilt das Gleiche. Überprüfen Sie, was Sie wirklich noch benutzen oder was in Schränken oder Schubladen nur noch Platz wegnimmt. Angeschlagenes Porzellan sieht nicht schön aus, und auch Messer mit Rostflecken benutzen Sie sicher nicht besonders gerne. Verabschieden Sie sich davon!

Testen Sie Haushaltsgeräte

Haushaltsgeräte sollen das Leben erleichtern. Aber tun sie das auch wirklich? Was funktioniert eigentlich noch und was kommt in Ihrer Küche tatsächlich zum Einsatz? Misten Sie überflüssige und kaputte Geräte rigoros aus. Die Kisten 3 und 4 stehen bereit. Manchmal tauchen beim Aufräumen längst vergessene Utensilien wieder auf. Auch diese werden aussortiert, denn was Sie seit Jahren nicht gebraucht haben, werden Sie auch in Zukunft nicht vermissen.
Wenn Sie Haushaltsgeräte doppelt haben oder überhaupt nicht brauchen, dann können Sie diese verschenken – vorausgesetzt, die Geräte funktionieren noch. Fragen Sie in Ihrer Familie, bei Freunden und Bekannten nach, ob Bedarf dafür besteht. Fast jedes praktische Gerät findet seinen Abnehmer. Heben Sie nichts auf, was garantiert nicht zum Einsatz kommt, nur weil es teuer war oder nicht kaputt ist.

Falls Sie sich jedoch fürs Wegwerfen entschieden haben, müssen Sie für die Geräte eine extra Kiste bereitstellen. Sie dürfen nicht einfach in den Müll geworfen werden, sondern sind auf einem Wertstoffhof zu entsorgen.

Eventuell nützliche Hilfsmittel:

- Gläser für Gewürze
- Gewürzregal
- Dosen für Tees, Vorräte etc.
- Etiketten zum Beschriften

Ein Erbstück loslassen

Kiste 2

Da steht es, das zehnteilige Service mit dem klassischen Zwiebelmuster. Es ist ein Erbstück von der geliebten Oma und erinnert Sie an Ihre Besuche bei der alten Dame, an köstliche Gerichte und leckeren Kuchen. Es sind schöne Erinnerungen, bei denen auch etwas Schwermut mitschwingt. Denn seit das Geschirr in Ihren Besitz übergangen ist, haben Sie es nie mehr benutzt. Es ist einfach nicht Ihr Stil. Und nun steht es im Schrank und nimmt Platz weg, den Sie eigentlich gut gebrauchen könnten. Sie haben schon versucht, es zu verkaufen, doch es fand sich kein Interessent. Aus der Familie wollte es auch niemand haben. Aber die Teller, Schalen, Saucieren und Platten einfach wegwerfen – das bringen Sie nicht übers Herz. Was tun?

Veranstalten Sie einen Erinnerungsabend. Laden Sie die ganze Familie dazu ein, kochen Sie ein leckeres Essen, vielleicht ein Rezept aus Omas Kochbuch, und decken Sie den Tisch mit Omas Geschirr. Erinnern Sie sich an die Verstorbene, erzählen Sie sich nette Episoden, die Sie mit ihr erlebt haben, schwelgen Sie in Erinnerungen – und danach verabschieden Sie sich von dem Porzellan. Die Kiste 4 steht dafür schon bereit. Sobald die Gäste weg sind, räumen Sie das Geschirr hinein und werfen es weg. Sofort! Weihen Sie jedoch die anderen nicht in Ihren Plan ein. Die würden garantiert versuchen, Sie am Wegwerfen zu hindern, aber abnehmen würde Ihnen die vielen Teile trotzdem keiner. Entscheiden Sie das alleine! Nach dem Erinnerungsabend werden Sie sehen, dass Sie kein Porzellan brauchen, um sich an den geliebten Menschen zu erinnern. Und keiner wird das Zwiebelmuster vermissen, wenn es weg ist. Garantiert!

**15.30–
17.30 Uhr**

- Dekoration und Accessoires
- Raumaufteilung
- Bett
- Nachtschränkchen

Das Schlafzimmer

Hier verbringen wir ein Drittel unseres Lebens und ein tiefer, ungestörter Schlaf ist die wichtigste Quelle zum Auftanken. Deshalb ist das Schlafzimmer ein besonderer Raum, in dem keine energetischen Störungen auftreten dürfen. Außerdem ist es der privateste Raum innerhalb der Wohnung oder des Hauses und hat entscheidenden Einfluss auf die Partnerschaft. Das Schlafzimmer soll einen gesunden, tiefen Schlaf und das Liebesleben fördern. Wer sich morgens unausgeschlafen, schlapp und zerschlagen fühlt, leidet wahrscheinlich unter Störzonen in diesem Raum. Deswegen kommt dem Schlafbereich eine sehr große Bedeutung zu. Doch seltsamerweise unterschätzen viele die Wirkung des Zimmers und seiner Einrichtung auf den Schlaf.

Da in der Regel das Schlafzimmer vor fremden Blicken verschlossen bleibt, landet hier häufig viel Gerümpel: Sportgeräte, Nippes, Kisten, Computer, Aktenordner, Wäsche zum Trocknen, Schmutzwäsche etc. – ein wildes Sammelsurium von Dingen, die in diesem Raum überhaupt nichts zu suchen haben. Und der Krempel ist präsent, auch wenn Sie sich hier überwiegend mit geschlossenen Augen aufhalten. Um im Schlafzimmer wunderbar schlummern und entspannen zu können, muss hier das Chi ungestört fließen. Deswegen sollten Sie es von überflüssigem Gerümpel befreien!

Die Aufgabe lautet: Sorgen Sie für eine aufgeräumte Atmosphäre im Schlafzimmer. Wenn Sie im Bett liegen, sollte Ihr Blick nicht auf eine Arbeitsecke oder auf die Bügelwäsche fallen.

Lassen Sie den Blick schweifen

Setzen Sie sich aufs Bett und sehen Sie sich in aller Ruhe um: Herrscht angenehme Ordnung oder hat sich im Laufe der Zeit jede Menge Krimskrams angesammelt? Das Vorher-Foto dokumentiert den Status quo. Wenn Sie schlecht schlafen oder morgens wie gerädert aufwachen, kann das Gerümpel eine Ursache dafür sein. Es blockiert den Chi-Fluss und versperrt Ihnen die Möglichkeit, nachts im Schlaf aufzutanken.

Dekoration und Accessoires

Dekoration und Bilder sollten im Schlafraum sparsam zum Einsatz kommen. Behalten Sie nur wenige Dinge, die Ihnen wirklich ans Herz gewachsen sind. Was den Raum aufwertet und verschönert, darf natürlich bleiben. Aber überlegen Sie sich gut, ob die Gegenstände und Bilder im Schlafzimmer richtig platziert sind. Schreiende Farben und wilde Motive haben in einem Raum, der für Ruhe und Entspannung steht, nichts zu suchen. Auch Grünpflanzen haben im Schlafzimmer nichts verloren. Sie verbrauchen Sauerstoff und den brauchen Sie nachts selbst für einen gesunden Schlaf.

Trennen Sie die Aktivitäten

Steht in Ihrem Schlafzimmer ein Heimtrainer oder haben Sie hier Ihre Fitnessecke eingerichtet? Dann sollten Sie umdenken: Im Schlafzimmer sollen Sie entspannen und ruhen, für anstrengende sportliche Aktivitäten ist es der falsche Ort. Bevor Sie die Geräte woanders unterbringen, fragen Sie sich ehrlich: Benutzen Sie sie noch oder haben sie lediglich Alibifunktion? Wenn ein Sportgerät nicht zum Einsatz kommt, sollten Sie es weggeben. Wenn Sie es jedoch mehr oder weniger regelmäßig benutzen, dann suchen Sie einen anderen Ort dafür und putzen es, bis es wieder glänzt und zum Gebrauch direkt auffordert.

Das Liebesleben aktivieren

Liebesbeziehungen, denen es an Leidenschaft fehlt, helfen feurige Rottöne wieder auf die Sprünge. Sie sollten jedoch nur punktuell eingesetzt werden, zum Beispiel mit einer roten Decke, einem roten Kissen, roter Bettwäsche oder einem roten Bild. In solchen Fällen sollten sich auch keine Bücher im Schlafzimmer befinden, weil das Lesen nicht im Vordergrund stehen soll.

Arbeiten Sie mit Raumteilern

Befindet sich im Schlafzimmer ein Arbeitsbereich, stört dies meist die Harmonie im Raum. Schreibtische sind selten ordentlich aufgeräumt und wer vom Bett aus daraufschaut, wird ständig Unruhe und ein schlechtes Gewissen verspüren. Am besten ist es, den Arbeitsbereich in einen anderen Raum zu verlagern. Ist das nicht möglich, sollten Sie wenigstens eine optische Grenze ziehen, zum Beispiel einen Raumteiler oder ein Regal aufstellen. Außerdem sollte der Schreibtisch, wenn er im Schlafzimmer bleiben muss, möglichst immer abends tipptopp aufgeräumt sein, die Utensilien und Unterlagen sollten in einem Schrank verschwinden.

Lüften Sie die Betten

Lüften Sie Matratzen, Bettdecken und Kopfkissen gründlich aus. Die Matratzen freuen sich auch über eine Tiefenreinigung. So können Sie die

Hausstaubmilben, die sich unweigerlich in den Betten befinden, zwar nicht völlig vermeiden, aber eindämmen. Legen Sie ein feuchtes Tuch auf die Matratze, nehmen Sie einen Teppichklopfer oder Tennisschläger und klopfen Sie die Matratze gründlich aus. Staub, Hautreste und Milben werden aufgewirbelt und bleiben im feuchten Tuch hängen.
Ein Blick unters Bett bringt übrigens oft verborgene Staubfänger zum Vorschein. Krempel, der unter dem Bett oder auch hinter der Tür versteckt ist, muss raus!

Das Nachtschränkchen

Nun betrachten Sie Ihr Nachtschränkchen genauer: Ist der Wecker vor lauter Zeitschriften, Notizzetteln, Büchern und Taschentüchern kaum mehr zu sehen? Und werfen Sie auch einen kritischen Blick in die Schubladen. Brauchen Sie das wirklich alles direkt neben Ihrem Bett? Sicher nicht, also misten Sie aus: Werfen Sie weg, was Sie nicht mehr lesen oder benutzen, und der Rest wird ordentlich aufgeräumt.

Schlafen wie ein Murmeltier

Davon träumen 20 Millionen Deutsche, die Nacht für Nacht kein Auge zutun. Dabei ist Schlaf das beste und wichtigste Wellnessprogramm – und auch das billigste. Wenn Sie Ihr Schlafzimmer gründlich ausgemistet und aufgeräumt haben, sollte dies bereits viel zu einem guten Schlaf beitragen. Vielleicht unterstützen auch ein paar Einschlafrituale Ihren Schlaf: Achten Sie auf Regelmäßigkeit, denn der Mensch ist ein Gewohnheitstier. Gehen Sie immer zur etwa gleichen Uhrzeit zu Bett, so können Sie sich selbst programmieren. Verzichten Sie bei Einschlafproblemen auf einen Fernseher im Schlafzimmer. Hören Sie lieber ruhige Musik oder lesen Sie ein Buch. Versuchen Sie, sich nicht zu viele Gedanken zu machen, auch nicht über mögliche Einschlafprobleme. Ein Sprichwort sagt: »Der Schlaf ist wie eine Taube. Streckt man die Hand danach aus, setzt sie sich drauf. Greift man nach ihr, fliegt sie weg.«

»Wer nicht aufs Kleine schaut, scheitert am Großen.«
Laotse

Feng Shui kennt noch weitere Möglichkeiten, den Energiefluss im Schlafzimmer optimal zu leiten und zu regulieren. Die Art, wie Ihre Möbel stehen, und wie Sie sich einrichten, können zu einem guten Schlaf erheblich beitragen. Vor allem Spiegel im Schlafzimmer verursachen große Störenergien! Wenn Sie ihn nicht abnehmen können, weil er sich zum Beispiel an der Schranktür befindet, verhängen Sie ihn mit einem Tuch.

Eventuell nützliche Hilfsmittel:

- Paravent, um Bereiche abzutrennen
- Regale oder Kisten für Utensilien

Der Kleiderschrank

Der »Kleiderschrank« steht hier für »Kleidung ausmisten«, schließt also sämtliche Aufbewahrungsorte Ihrer Kleidung, wie Kommoden oder Regale, mit ein. Die erste Regel lautet: Die Kleidung sollte sich in den Schränken befinden! Denn was nicht mehr hineinpasst, landet gerne auf dem Schrank und verstaubt dort. Doch alles, was dort oben verstaut ist, stört die Harmonie im Raum.
Die vier Kisten stehen schon bereit. Räumen Sie als Erstes alles weg, was auf den Schränken liegt, und trennen Sie sich dabei von Überflüssigem.

17.30–18.30 Uhr

- Kleider, Röcke, Blusen
- Hosen, Hemden
- Pullover, T-Shirts
- Wäsche
- Socken
- Krawatten
- Gürtel
- Sportsachen, Badesachen
- Tisch- und Bettwäsche

Gehen Sie systematisch vor

Sortieren Sie die Fächer nach und nach aus. Fangen Sie zum Beispiel mit den Kleidungsstücken an, die im Schrank hängen, danach kommen nacheinander die Fächer mit den T-Shirts, den Pullis und den Hosen an die Reihe. Es folgen die Schubladen oder Fächer mit Unterwäsche und Socken etc. Erst wenn ein Fach fertig ausgemistet ist, kommt das nächste dran beziehungsweise nach dem kompletten Schrank die Kommode.

Machen Sie den Jahres-Check

Modebewusste raten, alles auszusortieren, was zwölf Monate ungetragen im Schrank hängt. Dieser Tipp ist sinnvoll, denn wenn Sie innerhalb eines Jahres nicht ein einziges Mal das Bedürfnis verspürt haben, ein bestimmtes Kleidungsstück zu tragen, dann hat es nichts mehr in ihrem Kleiderschrank verloren. Gehen Sie nach dieser Vorgabe Ihre gesamte Alltagskleidung durch und trennen Sie sich von diesen Stücken, auch wenn es anfangs schwer fällt. In unserer Kleidung ist Energie gebündelt. Hängt sie ungenutzt im Schrank, blockiert sie unsere Entwicklung.

Trennen Sie sich von Kleidern, die nicht mehr passen

Vor allem Frauen behalten gerne Kleidungsstücke, in die sie mal vor Jahren hingepasst haben. Doch mit der Zeit verändert sich die Figur, es bleibt der Traum, wieder so wie früher auszusehen und die dazugehörigen Röcke und Hosen wieder tragen zu können. Sortieren Sie diese alten Sachen aus und packen Sie sie in Kiste 3. Freuen Sie sich über den gewonnenen Platz und kaufen Sie sich dafür lieber ein neues schönes Teil, das Ihrer aktuellen Figur schmeichelt. Das macht mehr Freude als die Erinnerung an vergangene, nie mehr wiederkehrende Zeiten. Wenn Sie sich von der alten Kleidung trennen, geben Sie auch Ihren inneren Widerstand zu Ihrer Figur auf. Erst dann können Sie sich annehmen, wie Sie sind, und daraus das Beste machen.

Misten Sie konsequent aus

Doch nicht nur alte und zu klein gewordene Sachen werden aussortiert. Sie haben bestimmt auch Kleidungsstücke im Schrank, die recht neu sind, jedoch ein Fehlkauf waren, weil sie doch nicht richtig passen, die falsche Farbe haben etc. Auch die gehören in Kiste 3! Sachen, die kaputt sind oder Flecken haben, schauen Sie besonders genau an: Würden Sie sie wieder tragen, wenn sie ausgebessert beziehungsweise wieder sauber sind, und wollen Sie sich die Mühe machen? Wenn nein, dann kommen sie in Kiste 4. Wenn ja, legen Sie sie beiseite, aber Sie setzen sich eine Frist, innerhalb derer Sie die Sachen in Stand setzen. Ist die Frist verstrichen, ohne dass etwas passiert ist, kommen die Sachen in den Müll. Sind die Sachen nicht mehr zu flicken oder ausgeleiert, verwaschen und keinem mehr zuzumuten, stellt sich die Frage erst gar nicht. Weg damit!

Sortieren Sie nur Ihre eigenen Sachen aus

Vergessen Sie nicht: Jeder ist für seine eigene Sachen verantwortlich! Wenn Sie sich den Schrank mit einem Partner teilen, dürfen Sie auf keinen Fall seine Kleidung aussortieren. In der Regel wird Ihr Vorbild ihn motivieren, ebenfalls auszumisten. Doch hüten Sie sich, missionarisch zu werden. Sorgen Sie von vorneherein für eine klare Trennung im Schrank, sodass jeder seine eigenen Fächer hat, dann geraten Sie nicht so leicht in Versuchung, an seine Sachen zu gehen.

Tauschen Sie nach Jahreszeit

Winter- oder Sommerkleidung kann je nach Saison umgeräumt werden. Dabei können Sie immer auch gleich ausmisten. Wollsachen lagern Sie mit Zedernhölzern oder Lavendelkissen ein, um Motten fernzuhalten. Grundsätzlich sollte die Kleidung, die für eine Saison weggeräumt wird, sauber und in Ordnung sein. Bringen Sie den Mantel oder das Kostüm vorher noch zur Reinigung, reparieren Sie kaputte Nähte oder Reißverschlüsse und nähen Sie fehlende Knöpfe an.

Sichten Sie Tisch- und Bettwäsche

Nehmen Sie sich zum Schluss die Tisch- und Bettwäsche vor. Brauchen Sie wirklich zwanzig Tischdecken, wenn Sie einen schönen Holztisch haben und Sets bevorzugen? Und was ist mit der Bettwäsche, die für die neuen Betten zu klein ist, aber trotzdem noch im Schrank liegt? Gehen Sie alles durch und entscheiden Sie sich schnell: Was noch gut ist, aber überflüssig, kommt in Kiste 3. Wäschestücke mit kaputten Nähten oder fehlenden Knöpfen legen Sie beiseite, damit Sie sie baldmöglichst ausbessern können. Die verbleibende Wäsche räumen Sie dann so ordentlich wie möglich wieder in den Schrank. Legen Sie ein paar kleine Duftkissen oder Duftseifen dazwischen, damit alles schön frisch riecht.

Räumen Sie den Schrank sinnvoll ein

Was Sie täglich brauchen und am liebsten anziehen, sollte griffbereit oder in Sichthöhe untergebracht sein. Wer sich täglich nach Pullovern oder Hemden strecken muss, wird kaum Ordnung halten können. Dafür kann die Kleidung, die Sie selten oder nur zu bestimmten Anlässen tragen, »nach oben« wandern. Eine kleine Trittleiter ist für große Schränke unverzichtbar.

Eventuell nützliche Hilfsmittel:

- Schutzhüllen zum Lagern
- Kleiderbürste
- Duftkissen oder -seife
- Hängeleiste für Krawatten
- Trittleiter

Der Hochzeitshut

Kiste 2

In den Tiefen des Schranks stoßen Sie vielleicht auf den großen Hut, den Sie bei Ihrer Hochzeit auf dem Standesamt getragen haben. Er erinnert Sie an eine wundervolle Zeit voller Aufregung und Spannung und Sie haben ihn als Erinnerung an diesen Tag natürlich aufbewahrt. Sie dachten wahrscheinlich, dass es andere Gelegenheiten geben könnte, zu denen Sie dieses elegante Accessoire noch einmal tragen könnten. Doch diese Gelegenheiten kamen nicht, stattdessen ist das schöne Stück verstaubt und inzwischen vielleicht auch aus der Mode gekommen. Zeit also, sich davon zu verabschieden? Nehmen Sie den Hut in die Hand, erinnern Sie sich noch einmal an diesen wunderschönen Tag und dann lassen Sie los. Geben Sie den Hut leichten Herzens ab – er spielt für Ihre Ehe keine Rolle – oder legen Sie ihn in Kiste 4. Verabschieden Sie sich davon und richten Sie Ihren Blick auf die Gegenwart und auf die Zukunft. Wenn sich in Ihnen jedoch alles dagegen sträubt, dann heben Sie den Hut auf. Offenbar ist die Zeit zum Loslassen noch nicht gekommen. Packen Sie den Hut sorgsam ein und räumen ihn wieder in den Schrank.

Genießen Sie den Abend!

Herzlichen Glückwunsch! Sie haben einen arbeits- und erfolgreichen Tag hinter sich. Jetzt stehen Muße und Entspannung auf dem Programm. Machen Sie es sich in Ihrem »neuen« Wohnzimmer gemütlich, fühlen Sie die angenehme Müdigkeit, die sich in Ihrem Körper breitmacht, denn Sie haben viel geleistet. Vielleicht holen Sie auch die wiederentdeckten Sportschuhe aus dem Schrank und gehen für zwanzig Minuten hinaus an die frische Luft. Schließlich haben Sie den ganzen Tag drinnen verbracht und viel Staub aufgewirbelt. Auch wenn Sie müde sind, wird Ihnen ein kurzer Spaziergang guttun. Kommen Sie mit jedem Schritt mehr zur Ruhe, verarbeiten Sie beim Gehen den Tag, der hinter Ihnen liegt, und versuchen Sie zu entspannen. Wenn Sie nach Hause kommen, können Sie noch ein schönes Bad nehmen, um die Muskeln zu lockern. Schlüpfen Sie in bequeme Kleidung, machen Sie es sich zu Hause so richtig gemütlich, aber lassen Sie den Fernseher aus. Bleiben Sie am Abend einfach mal ganz bei sich, vermeiden Sie Reize von außen und tanken Sie Stille.

Dokumentieren Sie Ihren Erfolg

Sie haben sich vorgenommen, Ihre Sachen auszumisten und Überflüssiges loszuwerden. Heute haben Sie schon viel geschafft, von vielem haben Sie sich bereits getrennt. Dies können Sie mithilfe der Liste auf Seite 85 dokumentieren. Kreuzen Sie an, welche Bereiche Sie heute ausgemistet haben. Dann gehen Sie die Checkliste noch einmal durch und machen einen Kringel um die Dinge, die Sie morgen vielleicht noch loswerden wollen. Bei Bedarf ergänzen Sie die Liste jeweils unter »Sonstiges (…)«. Sie kann Ihnen möglicherweise dabei helfen, herauszufinden, wo noch Entrümpelungspotenzial sitzt.

Erinnern Sie sich an Ihr Ziel!

Vielleicht haben Sie sich heute im Laufe des Tages, während Sie beim Aufräumen und Ausmisten geschwitzt haben, hin und wieder gefragt, warum Sie das alles eigentlich machen.

Erinnern Sie sich: Das Entrümpeln der eigenen vier Wände bedeutet auch ein mentales Entrümpeln. Durch das Ausmisten, Aufräumen und Saubermachen bringen Sie in Ihrer Wohnung und damit in Ihrem Geist stagnierende Energien wieder zum Fließen. Dies wird für Harmonie in Ihrem Leben sorgen. Durch das Entrümpeln verändern Sie Ihren Blickwinkel und Sie haben neue Ideen. Sie können überholte Ansichten, falsche Überzeugungen und negative Gewohnheiten loslassen und offen

werden für Neues. Ihr Leben ist so, wie Sie es sich einrichten, und zwar im wahrsten Sinn des Wortes.
Schmökern Sie heute Abend noch ein bisschen in diesem Buch, um sich die positiven Konsequenzen Ihrer heutigen Anstrengung noch einmal klarzumachen.

Falls Sie noch Zeit und Energie haben …

Ein Entrümpelungstag kann manche aber auch anregen statt erschöpfen. Wenn Sie sich am Abend also noch viel zu aufgekratzt fühlen, um auszuruhen oder ins Bett zu gehen, können Sie eine kleine Abendlektion einlegen.
Wählen Sie einen Gegenstand aus Kiste 2, etwas, bei dem Sie sich noch nicht entscheiden konnten, ob Sie es behalten oder loslassen. Vielleicht ein Geschenk eines Expartners, ein Accessoire, das Sie an ein besonderes Ereignis erinnert, oder ein Sammlerstück, das Sie vor vielen Jahren ergattert haben. Nehmen Sie sich nun Zeit dafür, um herauszufinden, was Sie mit diesem Gegenstand verbindet.

Reise in die Vergangenheit

Machen Sie es sich auf der Couch bequem und starten Sie mit geschlossenen Augen eine Reise in die Vergangenheit. Erinnern Sie sich an den Zeitpunkt, an dem Sie den Gegenstand zu ersten Mal in Händen gehalten haben. Wenn sich andere Gedanken dazwischendrängen wollen, lassen Sie es zu, ohne sie weiter zu beachten. Behandeln Sie diese Gedanken wie Wolken am Himmel; sie sind da, aber schweben vorbei. Versuchen Sie, sich auf den Gegenstand und den Moment zu konzentrieren, als dieser Gegenstand in Ihr Leben getreten ist. Malen Sie sich die Situation vor Ihrem geistigen Auge aus, vergegenwärtigen Sie sich die Umstände so detailliert, wie es Ihnen möglich ist. Spüren Sie noch einmal Ihre Gefühle von damals. Wenn andere Menschen dabei waren, erinnern Sie sich auch an diese und deren Rolle.

Den Zeitensprung machen

Wenn Sie die Situation noch einmal »erlebt« haben, kehren Sie allmählich in die Gegenwart zurück. Verfolgen Sie dabei den Weg des Gegenstands, mit dem Sie gerade beschäftigt sind. Wo hat er die letzten Jahre oder Wochen eigentlich gesteckt? Hat er in einer Kiste auf dem Schrank geschlummert oder war er in einer Schublade versteckt und ist dort in Vergessenheit geraten? Vielleicht erkennen Sie dabei, dass seine Zeit längst abgelaufen ist und dieses Ding nur für eine bestimmte Phase in Ihrem Leben von Bedeutung war. Gehen Sie dazu in Ihren Gedanken ein Stück in die Zukunft und versuchen Sie sich vorzustellen, was Sie mit dem Gegenstand in einer Woche, in einem Monat, in einem Jahr machen werden. Wird er Ihr Leben bereichern oder ein überflüssiges Stück sein, das Sie mitschleppen? Stellen Sie sich vor, wie Sie den Gegenstand als alter Mensch in Händen halten und zurückblicken auf den jetzigen Augenblick, in dem Sie überlegen, was damit geschehen soll. Jetzt sollte Ihnen klar sein, wie bedeutungslos der Gegenstand geworden ist, und der Abschied wird Ihnen ganz leichtfallen. Kiste 3 steht bereit.

Der richtige Ort

Falls der Gegenstand aber während der ganzen Zeit eine Rolle in Ihrem Leben gespielt hat, hat er vielleicht doch seine Daseinsberechtigung. Dann müssen Sie möglicherweise nur den richtigen Platz in Ihrem Heim dafür finden. Ist dies der Fall, machen Sie einen kleinen Rundgang durch die Räume. Überlegen Sie, wo der Gegenstand nun am besten aufgehoben sein könnte. Wenn Sie den richtigen Ort dafür finden, dann lassen Sie ihn dort – bis zur nächsten Entrümpelungsaktion. Falls Ihnen aber trotz hartnäckigem Suchen keine geeignete Stelle dafür einfällt, dann gehört er wohl doch nicht mehr in Ihr jetziges Leben. Dann ist Kiste 3 oder 4 der richtige Ort dafür.
Mit dieser Zeitreise sollte nun auch bei Ihnen eine tiefe Entspannung eingekehrt sei. Lassen Sie den Tag ruhig ausklingen.

Schreiben Sie Ihre Träume auf

Heute Nacht werden Sie garantiert tief schlafen. Wundern Sie sich aber nicht über die vielen verrückten Träume. Sie haben beim Ausmisten den Prozess der Veränderung in Gang gesetzt. Ihr Unterbewusstsein verarbeitet das Vergangene, von dem Sie sich heute verabschiedet haben. Legen Sie sich etwas zum Schreiben bereit und notieren Sie, was Sie geträumt haben. Das kann Aufschluss über das eigene Seelenleben geben. Außerdem ist es möglich, dass Ihnen im Halbschlaf ein paar wichtige Dinge einfallen, die Sie im Zuge des Ausmistens noch erledigen wollen. Schreiben Sie auch diese auf, sonst sind sie schnell wieder vergessen.

»Wer viele Schätze anhäuft, hat viel zu verlieren.«
Laotse

Entrümpelungs-ABC

A
- Accessoires
- Adressbücher
- ...

B
- Bankunterlagen
- Briefe
- Broschüren
- Bücher
- Büromaterial
- ...

C
- CDs
- Computerzubehör
- ...

D
- Dekozubehör
- DVDs
- ...

E
- Elektrozubehör
- ...

F
- Fotos
- ...

G
- Gartenartikel
- Glückwunschkarten
- Gutscheine
- ...

H
- Handschuhe
- Haushaltsgeräte
- Haustierzubehör
- Hobbybedarf
- Hüte
- ...

IJ
- Informationen
- Jacken
- ...

K
- Kalender
- Kataloge
- Kerzen
- Kleidung
- Kosmetikartikel
- Krawatten
- Küchenzubehör
- ...

L
- Landkarten
- ...

M
- Mäntel
- Mappen
- Musikgeräte
- Mützen
- ...

N
- Notizblöcke
- Notizen
- ...

O
- Ordner
- ...

P
- Partyutensilien
- Post
- Preisausschreiben
- ...

QR
- Rechnungen
- ...

S
- Schachteln
- Schals
- Schmuck
- Schuhe
- Schulungsmaterial
- Schulunterlagen
- Spielsachen
- Sportsachen
- ...

T
- Taschen
- Tischdekorationen
- Topfpflanzen
- Tücher
- ...

U
- Uhren
- ...

V
- Vasen
- Verpackungsmaterial
- Videos
- Visitenkarten
- ...

W
- Wäsche
- Weihnachtsschmuck
- Werkzeuge
- Wurfsendungen
- ...

XYZ
- Zeitschriftensammlungen
- Zeitungsartikel
- Zeugnisse
- ...

Der zweite Tag

Guten Morgen! Herzlich willkommen zu Ihrem zweiten Tag! Sie hatten hoffentlich eine ruhige und erholsame Nacht und sind ausgeschlafen und erfrischt aufgewacht. Vielleicht sind die Muskeln nach dem gestrigen Tag etwas verspannt. Das viele Bücken und Herumschleppen hat möglicherweise einen leichten Muskelkater hinterlassen. Ignorieren Sie ihn einfach. Spätesten nach einer Stunde Ausräumen wird Ihre Muskulatur wieder durchwärmt, durchblutet und geschmeidig sein. Genießen Sie in Ruhe ein stärkendes Frühstück und starten Sie dann beschwingt Teil zwei Ihrer Entrümpelungsaktion.

Was Sie heute erwartet

In den nächsten zwölf Stunden werden Sie die verbliebenen Räume gründlich ausmisten, sich vom Ballast befreien und den Chi-Fluss wieder in Gang setzen oder verbessern. Stellen Sie auch den zweiten Tag unter ein Motto. Das könnte zum Beispiel lauten: »Ich trenne mich mit leichtem Herz, ich lasse einfach los!« Dieses Motto soll Sie wieder beim Ausmisten unterstützen. Wenn Sie zwischendurch Zweifel oder Ängste überfallen, dann sagen Sie ein paarmal laut: »Ich trenne mich mit leichtem Herzen, ich lasse einfach los!«
Und nun kann es wirklich losgehen. Beginnen Sie mit dem Badezimmer, dann folgen Kinderzimmer, Abstellkammer, Arbeitszimmer, Sammlungen und Keller. Die Kisten stehen bereit? Dann starten Sie durch! – Und vergessen Sie nicht die Vorher- und Nachher-Fotos!

Das Badezimmer

Im Sinne von Feng Shui sind Bäder und Toiletten heikle Bereiche in Wohnungen und Häusern. Deshalb wurden diese Räume in chinesischen Häusern früher immer nach draußen verbannt. Man glaubte, diese Räume seien gefährlich, schließlich wird hier ja »schmutziges« Wasser weggespült, was die Entstehung negativer Energie bewirken kann.
In früheren Zeiten waren Bäder und Toiletten nicht nur in China, sondern auch bei uns vermutlich sehr unangenehme Aufenthaltsorte, weil sie dunkel, schlecht belüftet und muffig waren. Dies ist heute nicht mehr der Fall, doch noch immer fristen Bad und Toilette bisweilen ein Schattendasein. Zu Unrecht! Die beiden Räume sind wichtige Teile Ihres

Zuhauses und dort sollten Sie sich natürlich wohl fühlen. Immerhin beginnt hier Ihr Tag und ein angenehmer Anblick am frühen Morgen ist jedem zu wünschen. Ein heißes Bad in einem freundlichen Badezimmer ist entspannend und erholsam, ein hübsch gestalteter WC-Raum kann die Verdauung fördern.
Die einfachste Regel für die Toilette, die jeder beachten sollte, lautet: Der Toilettendeckel sollte immer geschlossen sein, damit die guten Energien nicht ins Kanalsystem verschwinden.

8.00–9.30 Uhr

- Ablageflächen
- Düfte und Kosmetika
- Hausapotheke
- Handtücher und Waschlappen

Leeren Sie die Ablageflächen

In den meisten Badezimmern tummeln sich Cremes, Duschgels, Badezusätze und Seifen jeder Art auf den Ablageflächen. Die nett gemeinten dekorativen Geschenke und die Pröbchen aus Hotels oder Parfümerien fristen hier ein nutzloses Dasein. Zudem erschweren sie das Saubermachen und verursachen hässliche Ränder auf den Regalen. Höchste Zeit, den alten Muff loszuwerden und frischen Wind hereinzulassen. Sortieren Sie die Badezusätze, Duschgels und Seifen aus. Was Sie nicht benutzen, wird gnadenlos entsorgt, auch wenn es noch so hübsch aussieht. Ab damit in Kiste 4. Nur das, was Sie tatsächlich benutzen, darf bleiben – und wenn es möglich ist, räumen Sie die Fläschchen und Döschen in den Schrank.

Sortieren Sie Düfte und Kosmetika aus

Die vielen hübschen Flakons mit teilweise nur noch wenig Inhalt mögen zwar dekorativ aussehen, aber letztlich erfüllen sie keinen sinnvollen Zweck. Wenn Sie einen Duft nicht mehr benutzen, sollten Sie sich davon trennen. Ihr Geschmack ändert sich und damit auch der Duft, der zu Ihnen passt. Behalten Sie daher nur die Parfüms, die Sie wirklich noch verwenden. Zudem haben auch Parfüms eine begrenzte Haltbarkeit: Der Duft verfliegt.
Auch Kosmetika sind nicht ewig haltbar: Wimperntusche trocknet ein, auf Lippenstiften oder Kajalstiften können sich Keime ansiedeln. Trennen Sie sich darum von allen Kosmetikprodukten, die schon länger als ein Jahr in Ihrem Bad herumliegen. Nicht zuletzt spielt die Mode eine Rolle. Das fast noch volle Fläschchen Nagellack mit der unmodernen Farbe können Sie getrost entsorgen, Sie werden ihn nicht mehr benutzen.

Überholen Sie die Hausapotheke

Werfen Sie einen Blick in Ihre Hausapotheke und überprüfen Sie anhand der Verpackung, ob die Medikamente nicht schon ihre Haltbarkeit überschritten haben. Wenn Sie Tabletten ohne Verpackung finden und nicht wissen, worum es sich dabei handelt, sollten Sie diese gleich beseitigen. Da es sich nicht um Sondermüll handelt, dürfen alte Medikamente in den Abfall. Wenn Sie ausgemistet haben, bringen Sie Ordnung in die Hausapotheke und räumen die Medikamente übersichtlich ein. Wenn Sie die Sachen in einem Schrankfach oder einer Schublade aufbewahren, sind kleine Schachteln praktisch, in die Sie die Medikamente nach Gruppen sortieren, beispielsweise alle Schmerzmittel oder sämtliches Verbandszeug. Wenn Sie die Schachteln noch beschriften, kann sich jeder schnell zurechtfinden.

Sehen Sie die Handtücher durch

Handtücher und Waschlappen, die regelmäßig benutzt werden, nutzen sich mit der Zeit ab und verlieren Farbe oder werden grau. Diese farblosen und ausgefransten Handtücher sehen nicht nur hässlich aus, sie mindern auch den Energiefluss im Bad. Machen Sie eine gründliche Inventur und werfen Sie alte Handtücher raus – vielleicht ist das ein oder andere ja noch als Putzlappen gut.

9.30–10.30 Uhr

- Spielzeug
- Kleidung

Das Kinderzimmer

Wenn Sie nicht wollen, dass Ihre Kinder später mal schlampig werden und dann selbst im Gerümpel ersticken, sollten Sie ihnen ein gutes Vorbild in puncto Ausmisten und Aufräumen sein. Gleichzeitig sollten Sie den Kleinen auch vermitteln, welche positiven Wirkungen das Entrümpeln auf die Psyche hat.
Möglicherweise ist die Zeit heute zu knapp bemessen, um mit Ihrem Kind auszumisten und aufzuräumen. Kinder brauchen oft etwas länger, um sich zu entscheiden. Aber tippen Sie es ruhig mal an. Sie können sich ja in den nächsten Tagen einmal etwas mehr Zeit dafür nehmen.

Bieten Sie Ihrem Kind Entfaltungsmöglichkeiten

Weil die Kindheit eine besondere Bedeutung für die Entwicklung der Persönlichkeit hat, sollten sich Eltern Gedanken darüber machen, wie das Kinderzimmer am besten gestaltet werden kann. Gerade Kinder reagieren sehr sensibel auf störende Energien in ihrer Umgebung. Das Kinderzimmer sollte daher ein Ort mit positivem Chi sein. Dieser Raum muss immer wieder einmal umgeräumt werden, denn wenn es älter wird, verändern sich die Bedürfnisse des Kindes. Geben Sie Ihrem Kind die Möglichkeit, sein Zimmer selbst zu gestalten, das hilft ihm dabei, seine eigene Identität zu finden.

Kinder brauchen ausreichend Raum, um sich entfalten zu können. Sie haben normalerweise einen großen Bewegungsdrang und sollten ungehindert in ihrem Zimmer herumtollen können. Wenn das Kinderzimmer zu klein ist, ist vielleicht ein Zimmertausch sinnvoll, zum Beispiel mit dem Schlafzimmer der Eltern, falls das groß ist. Überlegen Sie, ob es solche Tauschmöglichkeiten bei Ihnen gibt. Falls ja, planen Sie dafür jedoch ein anderes Wochenende ein. Heute wird entrümpelt.

Ordnungsliebe ist eine Sache der Erziehung. Wer als Kind lernt, dass Ordnung gut ist, bleibt diesem Maßstab in der Regel treu.

Beziehen Sie Ihr Kind ein!

Bringen Sie Ihrem Kind bei, dass am Ende eines Spiels die Spielsachen aufgeräumt werden und dass ein Zimmer kein Schlachtfeld ist. Zum regelmäßigen Aufräumen der Spielsachen eignen sich verschiedene Plastikboxen, in die sie – nach Vorstellung des Kindes – eingeordnet werden können. Jedes Kind hat über seine Spielsachen selbst zu entscheiden.
Zum Ausmisten genügen drei Kisten: 1, 3 und 4. Dabei kommen Spielsachen, mit denen Ihr Kind nicht mehr spielt, in Kiste 3, kaputte und schäbige Sachen kommen in Kiste 4. Alles, was bleibt, wird aufgeräumt und verstaut. Gewöhnen Sie es sich an, regelmäßig alte Spielsachen auszusortieren, und machen Sie Ihrem Kind klar, dass sich andere Kinder über diese Sachen freuen.
Machen Sie den Tag, an dem ausgemistet wird, zu einem besonderen Tag, an dessen Ende vielleicht auch eine Belohnung für das Kind steht. Dann freut es sich beim nächsten Mal darauf.
Beim Ausmisten der Kinderkleidung müssen Sie Ihr Kind nicht unbedingt mit einbeziehen, kaputte und zu klein gewordene Sachen können Sie ruhig aussortieren, ohne zu fragen. Das gilt jedoch nicht für das zu klein gewordene Lieblingskleid oder den verwaschenen Lieblingspulli. Die Entscheidung, was damit geschieht, sollten Sie gemeinsam mit Ihrem Kind treffen. Streiten Sie dabei jedoch nicht mit ihm, sondern hinterfragen Sie seine Entscheidung und lassen Sie Ihr Kind argumentieren. Respektieren Sie seine Argumente.

Haben Sie Geduld mit Teenagern

Die meisten Zimmer von Teenagern sind für die Eltern ein Horror. Die Bitte oder Aufforderung, das Chaos endlich aufzuräumen, verhallt unerhört. Dies ist normalerweise kein Grund zur Sorge, denn wie wir wissen, spiegelt die direkte Umgebung den inneren Zustand wider und umgekehrt. Die Pubertät, die eine Zeit des Umbruchs und der Neuorientierung ist, äußert sich daher zwangsläufig in äußerer Unordnung. Das Innenleben des Teenagers ist aus dem Gleichgewicht geraten, da kann außen keine Harmonie herrschen.

Für Sie als Eltern bedeutet dies, sich in Geduld zu üben. Auf keinen Fall dürfen Sie unerlaubt im Zimmer des Teenagers aktiv werden. Akzeptieren Sie seine Privatsphäre. Machen Sie sich klar, dass das Durcheinander vor allem Ausdruck des inneren Chaos und der Identitätssuche ist. Suchen Sie einen Kompromiss, versuchen Sie zu überzeugen und Lösungen zu finden, mit denen jeder in der Familie leben kann. Ständiges Nörgeln über die Unordnung anderer hat meist nur eine Folge: Verweigerung. Gerümpel und Unordnung ist jedermanns eigene Sache. Aber oft hilft es, mit gutem Beispiel voranzugehen.

Eventuell nützliche Hilfsmittel:

- Plastikbehälter und Kisten für Spielzeug

10.30–12.00 Uhr

- Bodenflächen
- Regale

Die Abstellkammer

Sie sind so wichtig, aber Abstellräume werden in aller Regel bei der Gestaltung einer Wohnung nicht mit einbezogen. Was sich hinter der Tür zu der geheimen Kammer abspielt, sieht ja sowieso niemand. Aber die angebliche Unsichtbarkeit entfernt ja nicht das Innenleben der Kammer. Dieser kleine Raum ist Teil Ihres Zuhauses und sollte auch entsprechend gewürdigt werden. Einen perfekt eingerichteten und aufgeräumten Stauraum würde doch jeder bei einer Hausbesichtigung voller Stolz vorführen. Unterschätzen Sie nicht die Wirkung Ihrer Rumpelkammer auf Ihr Wohlbefinden und machen Sie sich ans Entrümpeln.

Lösen Sie den Energiestau auf

Rumpelkammern sind Orte mit besonders schlechter Energie, denn hier befindet sich Gerümpel, und das sind zum großen Teil Sachen, die man im Grunde nicht mehr braucht. Wenn Sie viele Sachen haben, die Sie aufheben wollen oder müssen, dann ordnen Sie sie wenigstens. Nur machen Sie sich immer wieder klar, wenn Sie etwas aufheben und verstauen wollen: Solange Sie an den Dingen festhalten, gibt es keinen Platz für Neues. Oft erzeugt die Ansammlung von Gerümpel auch große Abneigung davor und man mag den vollgestopften Raum gar nicht betreten. Dann ist es allerhöchste Zeit, genau das zu ändern! Menschen, die an Dingen festhalten, die sie eigentlich nicht mehr brauchen, haben oft auch die Neigung, Probleme vor sich herzuschieben und nicht anzupacken. Wer es schafft, diese Unordnung zu Hause zu beseitigen, setzt damit Energien frei und hat dann auch Kraft und Lust, andere unerledigte Dinge anzupacken.

Packen Sie Kiste 4 voll

Räumen Sie den Abstellraum komplett aus und verteilen Sie alles auf die vier Kisten. Alles, was überflüssig, verbraucht und alt ist, hat dort nichts mehr verloren und landet in Kiste 4. Wozu dieses Gerümpel aufheben? Es staut nur die Energie. In Stauräumen sollten nur Dinge verwahrt werden, die wirklich noch gebraucht werden.

Organisieren Sie den Abstellraum

Bringen Sie in dem Raum bei Bedarf zusätzliche Regale an und räumen Sie die Sachen, die Sie behalten, wieder ein. Hierbei ist es sinnvoll, Regale oder Kisten so zu organisieren, dass alles übersichtlich darin verstaut werden kann. Sie sollen sich in dem Raum zukünftig schnell zurechtfinden und alles bei Bedarf sofort zur Hand haben. Misten Sie gerade Abstellräume regelmäßig aus, sonst herrscht dort nach kurzer Zeit wieder dieses lähmende Chaos.

Eventuell nützliche Hilfsmittel:

- Kisten zum Stapeln
- Regale

Mittagspause

Wie fühlen Sie sich nach Ihrem Entrümpelungsparcours? Sie sollten jetzt eine deutliche Erleichterung spüren, so wie nach einer erfolgreichen Diät. Je voller Kiste 3 und Kiste 4 werden, umso besser! Denn Sie sind mit großer Energie dabei, sich von Vergangenem zu lösen und den Boden für neue, schöne Erfahrungen zu bereiten. Gönnen Sie sich spätestens jetzt eine Unterbrechung. Stärken Sie sich mit einem leichten Imbiss, gehen Sie danach spazieren, träumen Sie oder ruhen Sie sich einfach nur ein wenig aus. Tun Sie eine Stunde lang, wonach Ihnen zumute ist. Nutzen Sie die Pause, um Ihre Wohnung oder Ihr Haus schon einmal gründlich durchzulüften. Denn das Entrümpeln von alten, überflüssigen Dingen hat vermutlich viel Schmutz und Staub aufgewirbelt – im wahrsten Sinn des Wortes. Vielleicht haben Sie beim Ausmisten auch einen Staubsauger griffbereit, mit dem Sie Staub und Schmutz sofort wegsaugen, wenn Sie einen Raum oder einen Bereich ausgeräumt haben. Und wenn Sie sich jetzt sehr erschöpft, verschwitzt oder schmutzig fühlen, dann springen Sie kurz unter die Dusche. Danach können Sie erfrischt weitermachen.

13.00–15.00 Uhr

- Schreibtisch
- Papiere
- Ablage
- Fachliteratur
- Computer & Co.

Das Arbeitszimmer

Bekommen Sie beim Blick auf den Schreibtisch schon die Krise? Der Stapel mit dem Unerledigten wächst und wächst, Papiere und Unterlagen bilden allmählich Schwindel erregende Türme, nichts ist mehr da, wo es sein sollte. Am liebsten würden Sie dem Chaos gleich wieder den Rücken kehren, oder? Halt, machen Sie jetzt lieber Schluss damit und schaffen Sie eine dauerhafte, funktionierende Ordnung. Denn der Platz, an dem wir arbeiten, entscheidet über das Gelingen und den Erfolg. Das Arbeitszimmer oder Büro sollte die Konzentration fördern, die Kreativität beflügeln und die Lust an der Arbeit steigern. Fühlen Sie das in Ihrem Arbeitszimmer? Nein. Aber das wird sich ändern. Am Ende dieser Aktion werden Sie stolz und zufrieden auf Ihren Arbeitsplatz blicken.

Trennen Sie die Bereiche

Zu Hause zu arbeiten hat Vor- und Nachteile. Es entfallen zwar Anfahrtswege, aber es ist nicht immer einfach, Privatleben und Job auseinander zu halten. Deshalb sollte der erste Blick beim Betreten der eigenen vier Wände nicht sofort auf den Arbeitsplatz fallen. Eine räumliche Trennung, also ein eigenes Arbeitszimmer, wäre ideal. Muss die Arbeitsecke jedoch in einen anderen Lebensbereich integriert werden, helfen Paravents, Pflanzen oder Raumteiler, die verschiedenen Bereiche optisch voneinander zu trennen.

Machen Sie zuerst Tabula rasa

Was drückt ein leerer, aufgeräumter Schreibtisch eigentlich aus? Dass Sie organisiert sind, Dinge zeitnah erledigen und delegieren können, dass Sie Ihre Arbeit im Griff haben und mit Energie bei der Sache sind. Ein wunderbarer Eindruck, oder? Dort, wo sich die Unterlagen stapeln, herrscht Unordnung, werden Termine nicht eingehalten, Sachen verschlampt und Arbeiten nicht optimal erledigt. Damit ist jetzt Schluss.

Nehmen Sie sich zuerst den Schreibtisch vor und beginnen Sie damit, die Tischplatte und die Schubladen zu leeren. Wie gehabt, kommt alles, was Sie nicht mehr brauchen, überflüssiger Krimskrams, kaputte Stifte etc., in Kiste 4. All dieser überflüssige Kram versperrt Ihnen den Blick fürs Wesentliche. Die funktionierenden Schreibgeräte legen Sie in eine kleine Kiste, sie werden später in einer Schublade verstaut. Gleiches gilt für Büroutensilien: Heftklammern, Kleber, Schere etc. sollten zusammen in einer Schublade Platz finden. Alle Dinge, die bleiben, werden am Ende in den sauberen Schreibtisch ordentlich wieder eingeräumt, und zwar mit System.

Je mehr Unerledigtes und Abgelegtes auf dem Schreitisch lagert, umso größer ist die Unlust, die Arbeit wieder in Angriff zu nehmen. Ein aufgeräumter Schreitisch sorgt hingegen für Klarheit und fördert die Konzentration aufs Wesentliche. Und mit einem leeren Papierkorb beginnen Sie den nächsten Arbeitstag beschwingter. Deshalb sollte nach Beendigung der Arbeit stets der gesamte Arbeitsplatz aufgeräumt werden. Um die Arbeitsfläche frei zu halten, eignet sich ein Beistelltisch oder ein kleines Regal für die Ablage.

Sortieren Sie die Papiere

Nehmen Sie sich dann alle Unterlagen vor, die herumliegen, und beginnen Sie mit einer groben Vorsortierung; die richtige Ablage kommt danach. Forsten Sie alle Papiere durch und machen Sie drei Stapel:

Stapel 1: Wegwerfen. Alles, was auf Stapel 1 liegt, kommt direkt in den Müll. Das sind unwichtige Papiere, Prospekte, Visitenkarten, Einladungen etc., die Sie nicht mehr brauchen.

Stapel 2: Abheften. Die Unterlagen, die Sie auf Stapel 2 gesammelt haben, werden abgeheftet. Wenn Sie noch keine entsprechenden Ordner angelegt haben, haben Sie jetzt die Gelegenheit, es zu tun. Sie sollten eindeutig beschriftet sein und sorgen für eine übersichtliche Ordnung. Heben Sie Unterlagen nur auf, wenn diese wichtig sind, und misten Sie Verjährtes oder Beendetes regelmäßig aus. Dieser Ballast kann sonst Ihren Schwung blockieren. Entwickeln Sie ein Ordnersystem, das für Sie leicht durchschaubar und zu handhaben ist.

Stapel 3: Erledigen. Jede unerfüllte Aufgabe beschäftigt uns bewusst oder unbewusst. Genauso ziehen unerfüllte Versprechen oder Zusagen Energie von uns ab. Gewöhnen Sie sich also am besten an, Post und Rechnungen sofort zu erledigen. Sie werden merken: Wer seine Rechnungen schnell bezahlt, muss selbst nicht lange auf Zahlungen warten. Legen Sie die Sachen, die Sie zu einem bestimmten Termin brauchen, in eine Wiedervorlagemappe mit Kalendarium. Denn auch das Ordnen der eigenen Termine hat Wirkung auf das Chi. Wenn Sie Ihre Termine unter Kontrolle haben, können die Aufgaben Sie nicht mehr dominieren und überfordern.

Richten Sie sich eine Ablage ein

Natürlich kommt es vor, dass Papiere ein paar Tage liegen bleiben, bis sie bearbeitet, abgeheftet oder entsorgt werden können. Doch das birgt immer die Gefahr in sich, dass ein neuer Stapel entsteht. Um das zu verhindern, eignet sich ein einfaches Ablagesystem, in dem Sie die Unterlagen grob vorsortieren, bis Sie Zeit zur Bearbeitung haben. Dafür genügen schon drei Fächer, in die Sie die Papiere je nach Art zwischenlagern: wahrscheinlich wegwerfen, abheften und erledigen.

Trennen Sie sich von Fachbüchern

Büchersammlungen im Arbeitsbereich lassen sich auch von Zeit zu Zeit neu organisieren. Sind die Bücher noch von Belang und aktuell? Falls Sie alte Bücher nicht mehr lesen, machen Sie sich frei davon. Bücher fallen häufig in den Bereich Sammelleidenschaft (siehe Seite 96ff.). Doch an Büchern, die überholt sind und nicht mehr gelesen werden, festzuhalten heißt, neuen Ideen und Gedanken keine Chance zu lassen, sondern im alten Denken zu verharren. Das Leben findet im Hier und Jetzt statt und nicht zwischen Buchdeckeln! Es gibt kein theoretisches Leben, das sich mithilfe von Büchern erfahren lässt.

»Wenn du einen Riesen siehst, prüfe erst am Stande der Sonne, ob es nicht bloß der Schatten eines Zwergs ist!« Verfasser unbekannt

Menschen, die überall Bücher stapeln, sogar auf dem Nachtisch, sollten einmal ausprobieren, wie es ist, wenn dort kein oder nur ein Buch liegt. Fachbücher, die in anderen Räumen herumliegen, sollten Sie zurück in den Arbeitsbereich holen. Bündeln Sie die Kräfte. Vielleicht erfährt so im Schlafzimmer die Zärtlichkeit zum Partner eine Auffrischung, weil das Interesse nicht mehr dem Fachbuch, sondern wieder dem Partner gilt? Auch das Argument, das Buch könnte irgendwann aber wichtig sein, verrät nur die Angst vor der Zukunft. Vertrauen Sie auf sich selbst. Wenn es so weit ist, werden Sie genau das Buch finden, das Sie brauchen! Ein Archiv für alle Eventualitäten des Lebens ist nicht notwendig.

Misten Sie Fachartikel aus

Auch bei Artikeln gibt es ein Verfallsdatum. Unterscheiden Sie, was Sie wirklich für eine Recherche nochmal brauchen können, und heften Sie es in einem dafür angelegten Ordner ab. Alte Fachzeitschriften und Artikel sollten aber nicht zu einem Berg anwachsen. Vertrauen Sie auf Ihre Fähigkeiten und die Möglichkeit, wichtige Informationen bei Bedarf neu beschaffen zu können. Unterlagen, die zu abgeschlossenen Projekten gehören, können nach Beendigung meist komplett im Müll verschwinden. Schaffen Sie Platz in Ihrem Arbeitszimmer. Das macht Ihren Kopf wieder frei für neue Ideen und Projekte.

Optimieren Sie Computer & Co.

Auch der Computer muss gelegentlich entrümpelt werden. Löschen Sie alte Texte und Dateien und schaffen Sie im Speicher Platz für Neues. Überprüfen Sie bei dieser Gelegenheit auch alte Disketten und CD-ROMs, auf denen Sie Dokumente und Dateien bereits zur Sicherheit abgespeichert oder »ausgelagert« haben. Vermutlich kann vieles davon

ebenfalls in den Müll. Dateien, die Sie nicht mehr auf der Festplatte brauchen, aber noch auf-heben müssen, speichern Sie auf neuen CD-ROMs oder auch auf anderen Speichermedien. Zum Auslagern und zum Aufbewahren von Sicherheitskopien eignen sich zum Beispiel die kleinen UBS-Sticks, aber auch externe Festplatten sind nicht mehr besonders teuer und bieten extrem viel Platz und bei Bedarf schnellen Zugriff auf die Dateien. Misten Sie E-Mails aus, sowohl die eingegangenen als auch die gesendeten. Nehmen Sie sich vor, ab sofort Ihre elektronische Post regelmäßig und zügig zu lesen und zu beantworten.
Disketten, CD-ROMs, Druckertinte, Toner, Gebrauchsanweisungen etc. – alles, was Computer und Kommunikation betrifft, sollten Sie zusammen in einem Schrank oder einer Kiste lagern. Dann ist alles an einem Platz und Sie müssen nicht lange suchen, wenn Sie etwas brauchen.

Eventuell nützliche Hilfsmittel:

- ○ Behälter für Büroutensilien
- ○ Behälter für Schreibutensilien
- ○ Ablagefächer
- ○ Aktenordner
- ○ Wiedervorlagemappe

Sparschweine & Co.

Kiste 2

Erinnern Sie sich an den letzten Finanzminister? Hans Eichel hatte auf seinem Schreibtisch im Finanzamt eine Sparschwein-Parade stehen und zeigte diese oft und voller Stolz den Journalisten. Was er damit ausdrücken wollte, liegt auf der Hand. Aber was drücken die Gegenstände aus, die sich auf Ihrem Schreibtisch tummeln? Vielleicht steht da ein silbernes Segelschiff, ein Porzellanfigürchen, ein massiver Briefbeschwerer oder ein Schälchen, in dem sich irgendwelcher Krimskrams angesammelt hat. Stellen Sie sich vor, eine Gruppe von Journalisten würde sich mit ihren TV-Kameras vor Ihrem Schreibtisch aufbauen, all die Dinge, die auf Ihrem Schreibtisch stehen, einfangen und auf die Millionen Fernsehgeräte schicken. Wenn Ihnen dieser Gedanke keine Bauchschmerzen bereitet: wunderbar. Aber wenn die Vorstellung Ihnen unbehaglich ist, ist das ein Alarmzeichen, den Schreibtisch freizuräumen und auf die Dinge zu reduzieren, die wirklich von Bedeutung für Sie und Ihre Arbeit sind.

**15.00–
17.00 Uhr**

- Hintergründe identifizieren
- Strategien entwickeln

Special: Sammlungen

Plüschtiere und Kissen bevölkern die Couchgarnitur, Nippes drängelt sich auf Fensterbänken, Bierkrüge stapeln sich im Küchenschrank, Kochbücher quetschen sich in Bücherregalen, Porzellanfiguren tummeln sich in Vitrinen. Die Dinge haben häufig ein Eigenleben entwickelt: Was ursprünglich mal mit ein, zwei Teilen begann, wurde zu einer stetig wachsenden Sammlung. Oft kann man sich später gar nicht mehr an den Grund oder den Auslöser für das Ganze erinnern.

Zur ersten Tierfigur kam die zweite, dann die dritte, und inzwischen ist die Zahl vielleicht dreistellig geworden, weil man selbst den unwiderstehlichen Drang verspürt, die Sammlung immer wieder zu ergänzen, oder Familie wie Freunde dankbar sind für die Geschenkidee. Zu jedem Anlass bekommt man eine neue Figur, ob man will oder nicht. Inzwischen ist längst das Unterbewusstsein programmiert und zieht magisch weitere Stücke an. Zwar ärgert sich der Sammler schon mal über den vielen Krempel, das umständliche und zeitintensive Saubermachen. Auch wird das Unterbringen allmählich zum Problem. Trotzdem – das Sammeln findet einfach kein Ende mehr.

Entzaubern Sie die Sammlung

Was steckt eigentlich hinter der Sammelleidenschaft? Wenn Sie ein Sammler sind, sollten Sie sich fragen: Was repräsentiert meine Sammlung für mich? Wofür steht sie? Versuchen Sie herauszufinden, was das Sammeln für Sie bedeutet und welche Funktion es in Ihrem Leben erfüllt. Welche Bedürfnisse werden durch das Sammeln befriedigt? Wollen Sie zum Beispiel Wissen sammeln oder lesen Sie einfach nur viel?

Im Folgenden finden Sie einige Gründe, die sich hinter einer Sammelleidenschaft verbergen können.

Das Sammeln dient der eigenen Sammlung und somit der Entspannung.
Die Hingabe an das Sammeln kostet Zeit und Konzentration. Das stundenlange Durchforsten von Büchern, Nachschlagewerken, Galerien oder Ausstellungen, das Ordnen und Sortieren bedeuten auch eine kleine Flucht aus dem Alltag – im positiven Sinne. Damit fördert das Sammeln die Entspannung: Die eigene Aufmerksamkeit wird auf etwas gelenkt, man versinkt darin und der Geist befindet sich in anderen Sphären. Feng Shui lehrt, dass Anspannung die Folge von gestörten Energieflüssen ist. Die Sammlung mag zeitweise entspannen, aber eine nachhaltige Verbesserung wird vielmehr durch einen freien Chi-Fluss im eigenen Zuhause erreicht.

Die Sammlung schafft Kontakte und fördert die Kommunikation.

Es ist leicht, Kontakt zu gleich Gesinnten herzustellen und zu halten. Hundebesitzer erleben dies beim alltäglichen Gassigehen, wenn sie mit anderen Herrchen und Frauchen schnell und wie selbstverständlich ins Gespräch kommen. Sammler treffen sich auf Messen oder Ausstellungen, tauschen sich aus und fachsimplen über ihre Sammlung. Das schafft sofort Gemeinsamkeit. Die Aktivierung der neun Lebensbereiche (siehe Bagua Seite 110ff.) nach Feng Shui fördert und vertieft den Austausch mit anderen Menschen wie von selbst. Eine Sammlung als Hilfsmittel ist dann nicht mehr notwendig.

Der Versuch, Kontrolle über das eigene Leben zu bekommen

Sammeln ist neben dem Jagdtrieb eine der ältesten Überlebensstrategien des Menschen. Um Notzeiten vorzubeugen, wurden in Zeiten des Überflusses die verschiedensten Dinge gesammelt: Nahrung, Waffen, Werkzeuge, Kräuter etc. Derjenige, der mehr Dinge gesammelt hatte, hatte die besseren Überlebenschancen. Manche Sammlung entsteht noch heute mit dem Hintergedanken: »Mit diesem Vorrat kann mir nichts passieren.« Damit hat das Sammeln die Funktion, sich vorzubereiten. Wenn das für Sie zutrifft, fragen Sie sich: »Wofür oder worauf will ich mich vorbereiten?«
Vorbereitet zu sein bedeutet unter anderem, sich sicher zu fühlen und die Kontrolle nicht zu verlieren. Man ist gewappnet, was auch immer kommen wird. Wer aus diesem Bestreben sammelt, hat vielleicht Angst vor der Zukunft und Angst davor, Fehler zu machen. Diese Angst kann daran hindern, Entscheidungen zu treffen und sich von Dingen zu lösen beziehungsweise sie wegzuwerfen. Stattdessen wird gesammelt. Man will ja vorbereitet sein. Feng Shui lehrt Sie, im Hier und Jetzt zu leben, sich weder auf die Vergangenheit noch auf die Zukunft zu fixieren. Das Loslassen ist ein wichtiger Aspekt dabei.

Die Sammlung soll eine generelle Unzufriedenheit kompensieren.

Der Wunsch nach Ablenkung oder Beschäftigung hat sicher so manche Sammlung begründet. Doch damit begibt man sich in einen Teufelskreis: Sammeln bedeutet, einen Großteil der Aufmerksamkeit nach außen zu richten. Man ist mit Äußerlichkeiten beschäftigt, kann seine Zeit gut damit füllen. Gleichzeitig muss man sich dann nicht mit sich selbst beschäftigen. Feng Shui lehrt, dass Ballast die eigene Entwicklung blockiert, was wiederum unzufrieden macht. Wenn Sie sich von dem Krempel befreien, werden Sie viele neue Gedanken und Ideen bekommen, wie Sie Ihre Zeit sinnvoll füllen können.

Durch das Sammeln entzieht man sich einer anderen Verantwortung.
Das Sammeln kostet Zeit und Energie, wodurch natürlich andere Aufgaben vermieden werden können. Mit der Begründung, sich zurückziehen zu müssen, um sich seiner Sammlung zu widmen, gewinnt man vielleicht ein Stück Privatsphäre oder Spielwiese zurück. Das ist nachvollziehbar, um sein Gleichgewicht zu gewinnen oder einer Überforderung vorzubeugen. Besser ist es allerdings, wenn man offener mit Anforderungen umgehen kann. Feng Shui lehrt, dass alles Energie ist. Überlegen Sie sich also, ob die Sammlung wirklich notwendig ist, um Ihr Selbst zu leben.

Durch die Sammlung sucht man nach Bestätigung.
Der Anblick einer schönen, großen oder außergewöhnlichen Sammlung erfreut die Sammler nicht nur selbst. Oft erfahren sie auch Bestätigung durch andere, die von der Sammlung beeindruckt sind. Wer sammelt, was auch andere haben möchten, erwirbt Achtung, Reichtum und Einfluss. Durch seine Sammlung möchte man etwas Besonderes sein beziehungsweise eine außergewöhnliche Stellung einnehmen. Feng Shui lehrt, dass zu viel Krempel das eigene Ich und die Entwicklung blockiert. Wer loslässt und sich davon befreit, gibt sich selbst die Chance, neue Erfahrungen zu machen. Vielleicht können Sie ohne die Sammlung auf ganz anderen Gebieten wahres Selbstwertgefühl erfahren?

Die Sammelobjekte kreieren eine Atmosphäre der Schönheit und Ästhetik.
Kunstsammler reisen oftmals durch die ganze Welt – wenn sie die finanziellen Möglichkeiten haben –, um künstlerische Kostbarkeiten zu finden und zu erwerben. Manchmal stellen sie ihre im Laufe eines Lebens erworbene Sammlung der Allgemeinheit zu Verfügung, andere sammeln nur für sich selbst. Wer sich mit schönen Objekten umgibt, schafft eine Atmosphäre der Exzellenz: Die Ästhetik und Schönheit stehen im Vordergrund. Feng Shui lehrt, dass ein harmonischer Energiefluss Schönheit pur bedeutet und durch den Einklang mit der Natur erreicht wird. Falls

Setzen Sie bei Ihren Vorhaben nicht auf Druck, sondern auf Gelassenheit. Denn Willenskraft allein führt noch nicht zum Ziel. Die innere Bereitschaft muss wachsen.

das eigene Leben jedoch als disharmonisch empfunden wird, können schöne oder künstlerische Objekte davon ablenken, aber das Problem nicht beheben. Ein harmonischer Chi-Fluss im eigenen Heim reguliert vielleicht das Harmoniebedürfnis auf wirkungsvollere Weise.

Lassen Sie Neues zu

Die Antwort auf die wahren Motive, die hinter einer Sammelleidenschaft stecken, muss jeder für sich selbst finden. Aber fest steht, dass eine Sammlung für ein konkretes Bedürfnis steht, das im aktuellen Leben nicht erfüllt wird oder dessen sich der Sammler gar nicht bewusst ist. Solange wir uns über die Hintergründe nicht klar werden, halten wir auch an der Sammlung fest. Die Aufforderung, sich von einer Sammlung zu trennen, kann große Ängste oder Zorn auslösen. Doch gerade diese intensiven Gefühle machen deutlich, welche »Aussage« eigentlich in der Sammlung versteckt ist. Lassen Sie sich Zeit mit der Analyse, aber bleiben Sie am Ball.

Das Leben besteht aus Veränderung, eine Sammlung repräsentiert jedoch Festhalten und Starre. Wer sich weiterbewegen möchte, muss die Sammlung hinter sich lassen. Sammelwütige sollten sich zuerst ganz bewusst innerlich von ihren lieb gewonnenen Dingen verabschieden, bevor sie ans praktische Ausmisten gehen.

Übrigens zählen auch kleine Sammlungen wie Andenken, Fotos, Geschenke oder Urlaubsmitbringsel zu dem Krempel, den Sie loslassen sollten. Fragen Sie sich, was Ihnen in Ihrem aktuellen Leben fehlt, dass Sie an dem alten Kram festhalten. Waren die Zeiten damals besser? Oder hat die Erinnerung alles verklärt?

Trennen Sie sich von Ihrer Sammlung

Wollen Sie versuchen, sich von Ihrer Sammlung zu trennen? Überstürzen Sie nichts! Vielleicht gelingt Ihnen das Loslassen in kleinen Schritten und Sie beginnen damit, die Sammlung Stück für Stück zu verschenken. Je kleiner sie wird, umso weniger schwer fällt der Abschied. Vielleicht versuchen Sie es auch mit einer Trennung auf Zeit, indem Sie die Sammlung zuerst einmal in Kisten verpacken und verstauen. Nach einiger Zeit können Sie diese Kisten dann möglicherweise leichten Herzens entsorgen. Sammler, die es einmal geschafft haben, sich von den vielen angehäuften Dingen zu trennen, spüren danach eine unglaubliche Leichtigkeit. Das Loslassen ermutigt zu neuen Entscheidungen und Erfahrungen.

Geben Sie sich also einen Ruck, ignorieren Sie die Kiste 1 und verteilen Sie Ihre Sammlungen auf Kiste 2, 3 und vielleicht sogar 4.

**17.00–
18.30 Uhr**

- Kellerregale
- Rumpelecken

Der Keller

Was unter Ihnen, in Ihrem Keller lagert, repräsentiert Ihre Vergangenheit und Ihr Unterbewusstsein. Je mehr Gerümpel sich hier im Lauf der Jahre angesammelt hat, umso mehr ungelöste Angelegenheiten haben noch Gewicht. Liegt dort seit vielen Jahren Krempel jeder Art, deutet das auf weit zurückliegende Themen hin. In einem »normalen« Keller lagern etwa 90 Prozent des ganzen privaten Gerümpels. Aber muss es wirklich so viel sein? Werfen Sie einen Blick in Ihren Keller und überlegen Sie, was Sie fühlen, wenn Sie sich das Sammelsurium anschauen. Ist es Unlust, überhaupt hineinzugehen, weil alles so vollgestellt und unübersichtlich ist? Oder Erschöpfung, weil Sie angesichts des vielen Krempels gar nicht wissen, wo Sie anfangen sollen? Oder Ärger, weil hier nichts ist, wie es eigentlich sein sollte? Oder Scham, weil Ihr Keller ein Krempelstadium erreicht hat, das nicht mehr akzeptabel, geschweige denn vorzeigbar ist? Oder sogar Traurigkeit, weil Ihnen das Chaos hier unten und die vielen unerledigten Dinge schon lange auf der Seele liegen? Wenn Sie eines dieser Gefühle haben, dann hat Ihr Keller eine Bedeutung erlangt, die ihm nicht zusteht. Also packen Sie das Problem bei der Wurzel!

Gibt es viele Fragen aus früheren Zeiten, die Sie verdrängt haben oder die Ihr Unterbewusstsein noch beschäftigen? Dann kann das Ausmisten des Kellers von solchen Altlasten befreien. Natürlich ist der Keller durchaus auch ein geeigneter Ort, um verschiedene nützliche Dinge aufzubewahren, vorausgesetzt, er ist trocken, belüftet und sauber.

Entrümpeln Sie Ihre Vergangenheit

Was im Keller lagert, sollte für Ihr jetziges oder zukünftiges Leben nützlich sein. Diese Sachen sollten dort sauber und übersichtlich lagern. Weihnachtsschmuck, Skiausrüstung, Koffer, Vorräte – nehmen Sie alles, was sich im Keller befindet, gründlich unter die Lupe und misten Sie aus. Alles, was Sie nicht mehr brauchen, was defekt ist oder seit vielen Jahren dort vor sich hingammelt, kommt in Kiste 4.

Steuerunterlagen müssen zehn Jahre aufgehoben werden. Aber brauchen Sie wirklich noch die alten Schulunterlagen? Verabschieden Sie sich davon, denn es ist wohl eher unwahrscheinlich, dass Sie irgendwann noch einmal reinschauen werden. Lassen Sie diesen vergangenen Lebensabschnitt hinter sich und wenden Sie sich Neuem zu! Auch die Zeitspanne, in der die Sachen im Keller ihr Dasein gefristet haben, ist ein Kriterium, um über den Verbleib zu entscheiden. Was schon lange hier unten steht und längst vergessen ist, ist garantiert von gestern!

Entzaubern Sie das Schattenreich

Wenn Sie alte Geschenke entdecken, die Sie in der Wohnung nicht haben wollen, aber in Ihrem »Schattenreich« noch aufbewahren, dann werfen Sie Ihr schlechtes Gewissen samt Geschenk über Bord. Kein Geschenk verpflichtet! Wenn es Ihnen nicht mehr gefällt, haben Sie das Recht, es wegzuwerfen oder weiterzuverschenken.
Überprüfen Sie auch Dinge, die Sie hier für Eventualitäten horten. Warum bewahren Sie dieses ganze Zeug eigentlich auf? Auf die Reaktion »Das ist doch noch gut!« müssen sofort drei einfache Fragen folgen: »Für wen? Wozu? Wann?« Wenn Sie darauf schnell eine klare Antwort finden, dann behalten Sie die Sachen. Falls nicht: weg damit!
Wenn Ihnen das Loslassen dennoch schwerfällt, dann stellen Sie sich die beiden Schlüsselfragen: »Tut es mir gut?«, und: »Liebe ich es?« Spätestens jetzt sollte Ihnen die Bedeutung der Sachen klar werden und die Entscheidung, ob Sie etwas behalten, verschenken oder wegwerfen, leichterfallen. Sie können sich auch selbst unterstützen, indem Sie laut und deutlich sagen: »Ich trenne mich, ich lasse los!«

Behalten oder wegwerfen?

Kiste 2

Räumen Sie den Keller erst einmal aus, dabei sollte schon ein Teil auf dem Müll landen. Dann inspizieren Sie den ganzen Krempel: die Kisten mit den leeren Flaschen, die Skier, die Koffer, drei Klappstühle, das Werkzeug, diverse Lampen, alte Fußleisten, ein Schränkchen, der Weihnachtsschmuck, das kaputte Fahrrad, ein Farbeimer sowie Andenken, Souvenirs etc. Was soll weg, was soll bleiben? Stellen Sie sich vor, Sie befinden sich nicht in Ihrem Keller, sondern in einem Trödelladen: Was von dem ganzen Krempel hätte noch einen Wert? Wofür würden Sie noch etwas bezahlen, weil Sie es unbedingt haben (also behalten) wollten? Checken Sie zum Beispiel den Koffer. Sie stellen fest, dass der Verschluss kaputt ist, und damit ist sein Wert eigentlich gleich null. Was würde es kosten, ihn reparieren zu lassen? Würde sich das lohnen? Wenn ja, sollten Sie es gleich morgen erledigen. Falls der Koffer aber schon alt ist, muffig riecht und vom langen Aufenthalt im Keller ziemlich angegammelt ist, sollten Sie ihn schleunigst loswerden. Packen Sie das zerbrochene und verrostete Werkzeug am besten gleich hinein.

Den Erfolg genießen

Sie haben es geschafft! Atmen Sie auf! Freuen Sie sich! Seien Sie stolz auf sich! Sie haben in zwei Tagen etwas Wunderbares vollbracht: Sie sind über Ihren Schatten gesprungen.
Nach zwei Tagen harter Arbeit ist Ihr Zuhause entrümpelt und aufgeräumt. Wenn Sie das Gerümpel aussortiert haben, werden Sie vermutlich vor einem mittelgroßen Müllberg stehen. Ist es nicht erstaunlich, was wir zu Hause an überflüssigen Dingen aufbewahren? Denken Sie aber daran: Alles, was weggebracht werden muss, wie Sperrmüll oder Sondermüll, sollte innerhalb von drei Tagen entsorgt werden, Dinge, die Sie verschenken oder verkaufen wollen, sollten spätestens in vier Wochen verschwunden sein. Sonst kommen sie in den Müll. Die Wohnung soll ja aufgeräumt bleiben und vor allem soll sich nicht mehr so viel überflüssiger Kram ansammeln.

Zum Abschluss alle Räume klären

Während des Entrümpelns haben Sie die einzelnen Räume und Bereiche sicher schon geputzt und gewischt. Zum Abschluss des Entrümpelungsprogramms gehen Sie nun noch einmal durch die ganze saubere, aufgeräumte Wohnung und entfernen auch die letzten Reste von negativer Energie. Dazu können Sie räuchern, Rosenwasser versprühen oder Salz verstreuen. Welche Methode Sie wählen, bleibt Ihnen überlassen, die verschiedenen Möglichkeiten sind auf Seite 54ff. beschrieben. Doch lassen Sie diesen Schritt nicht aus, erst danach können die positiven Energien gänzlich ungehindert fließen.

Die Gefühlswelt kam in Bewegung

Lassen Sie die positiven Energien, die nun in Ihrer Wohnung oder Ihrem Haus herrschen, auf sich einwirken. Machen Sie sich einen schönen Abend, und wenn Sie mögen, können Sie noch einmal Revue passieren lassen, wie befriedigend und befreiend es war, die Schränke, Kommoden, Regale und Räume von Überflüssigem zu befreien. Sie haben nun (fast) nur noch Dinge um sich, mit denen Sie sich identifizieren können, die Sie wirklich brauchen, die Sie mögen, an denen Sie Freude haben. Machen Sie sich klar, was Ihnen in diesen beide Tagen gelungen ist: Sie haben sich von Dingen getrennt, die Ihr bisheriges Leben unnötig belastet haben, und Sie haben etwas über sich selbst erfahren. Sie haben ja nicht nur »Staub« aufgewirbelt, sondern auch Gefühle an die Oberfläche geholt. Freude und Wut, Angst und Hoffnung, Glück und Traurigkeit, Vertrauen und Enttäuschung …
Sie haben bewusst eine Lawine losgetreten und damit den ganzen überflüssigen Krempel weggeschoben. Wunderbar! Vielleicht fühlen Sie sich jetzt ein bisschen unsicher und verwirrt. Denn in den vergangenen zwei Tagen haben Sie so viel freigelegt, dass einem davon schon mal der Kopf schwirren kann.

Bleiben Sie heute standhaft

Wenn Sie vor dem Berg an aussortierten Dingen stehen, könnte Sie vielleicht auch das Gefühl der Reue überfallen. Eigentlich war dieses Teil noch ganz gut, vielleicht brauche ich es doch irgendwann einmal – und plötzlich sind Sie versucht, wieder etwas aus der Kiste 3 oder 4 herauszufischen. Stopp! Beenden Sie jetzt und sofort sämtliche Arbeiten und lassen Sie erst einmal alles hinter sich. Was Sie nun brauchen, ist zum einen Ruhe, zum anderen Abstand. Ziehen Sie einen Schlussstrich und graben Sie »das Loch nicht noch einmal auf«. Müdigkeit und Erschöpfung sind keine guten Ratgeber!

Lassen Sie sich Zeit

Auch wenn Sie sich dessen noch nicht bewusst geworden sind, so ist die Wirkung Ihrer zweitägigen Entrümpelungsaktion doch vorhanden. Frisches, kräftiges Chi fließt durch die Räume und das ist bestimmt ungewohnt für Sie. Kein Stein blieb auf dem anderen, Sie haben vieles aus Ihrer Vergangenheit ausgegraben und zu Ende gebracht, Sie haben dadurch einen völlig neuen Standpunkt eingenommen und Ihren Blickwinkel neu justiert. Sie haben sich – vielleicht ohne es zu ahnen – in ein neues Leben katapultiert und dafür haben Sie Ihren ganzen Mut eingesetzt. Das, was Sie beim Ausmisten an Emotionen aufgewirbelt haben, muss nun wieder zur Ruhe kommen. Nehmen Sie sich diese Zeit, behalten Sie aber die Kontrolle: Geben Sie negativen Gefühlen wie zum Beispiel Zweifeln keine Kraft. Lassen Sie das Gefühl kommen, nehmen Sie den Zweifel wahr, aber zweifeln Sie nicht! Sie werden sehen, wie rasch bei dieser Haltung derartige Gefühle schnell wieder abkühlen.

Alles braucht seine Zeit

Etwas aufgeben oder loslassen ist keine Niederlage, sondern ein Fortschritt! Sie haben sich von Überflüssigem und Überholtem getrennt und damit Freiheit gewonnen. Das wird Sie bereichern. Machen Sie zum Abschluss dieses Tages eine kurze Meditation. Setzen Sie sich bequem auf einen Stuhl und schließen Sie die Augen. Dann stellen Sie sich vor, wie Sie auf dem Wasser liegen und schwerelos schweben. Alles um Sie herum ist perfekt, das Licht, die Ruhe, die Temperatur. Sie müssen nichts tun, um im Wasser zu schweben, denn alles ist in der richtigen Balance. Sie fühlen keine Angst, unterzugehen, denn Sie schweben mühelos. Bleiben Sie so lange in diesem Zustand, wie Sie mögen.

Danach sollten Sie den Tag so beenden, wie Ihnen zumute ist. Wenn Sie ausgehen wollen, dann treffen Sie Freunde. Wenn Sie bei sich bleiben wollen, dann relaxen Sie zu Hause

Freuen Sie sich also auf die schönen Veränderungen, die Sie in Gang gesetzt haben. Schon bald werden Sie spüren, wie das Glück zu Ihnen kommt.

Feng Shui heißt, nicht mehr nur die Schattenseiten zu sehen, sondern sich das Schöne im Leben bewusst zu machen.

Wenn noch Zeit übrig ist

Das 24-Stunden-Programm ist abgeschlossen. Doch vielleicht haben Sie noch Zeit und Energie? Dann können Sie sich den Außenflächen – Balkone, Terrassen, Garten – widmen. Auch der Garage und dem Auto gebührt unsere Aufmerksamkeit. Denn all diese Bereiche beeinflussen ebenfalls unser Wohlbefinden. Wenn Sie es an diesem Wochenende nicht mehr schaffen, entrümpeln Sie diese Bereiche in der nächsten Zeit – spätestens wenn der Frühling naht!

Die Garage

Haben Sie bisweilen das Gefühl, nicht voranzukommen oder irgendwie stecken zu bleiben? Ein Blick in die Garage kann da möglicherweise Aufschluss geben. Vollgepackte Garagen behindern nämlich die Mobilität. Steht bei Ihnen alles, was Sie in Rumpelkammer, Keller oder Speicher nicht mehr unterbringen konnten, in der Garage? Muss vielleicht sogar das Auto draußen bleiben, weil in der Garage kein Platz mehr dafür ist? Dann trennen Sie sich schnell von dem alten Krempel. Die Garage ist kein Lager für Gegenstände, die Sie eigentlich loswerden wollen.

Gerümpel sinnvoll beheimaten

Auch wenn die Garage abseits des Hauses liegt, haben die hier abgestellten Dinge eine energetische Wirkung. Nur weil Sie das Gerümpel nicht sehen, hat es sich nicht in Luft aufgelöst. Was gehört denn wirklich in die Garage? Alles, was direkt mit dem Auto und Ihrer Fortbewegung in Verbindung steht. Dazu zählen Autoreifen, Dachgepäckträger, Kanister und Werkzeug. Das alles lässt sich meist gut an den Wänden aufhängen. Die Einfahrt und der Boden der Garage sollten absolut hürdenfrei sein, damit Sie problemlos mit dem Auto ein- und ausfahren können. Nichts zu suchen in der Garage haben alte Möbel, leere Kartons, Zeitschriften etc. Meist landet in der Garage, was man – aus gutem Grund – im Haus nicht mehr haben möchte.

Das Auto

Ein Auto stellt für den Besitzer ein kleines Universum dar. Wenn Sie Ihr Zuhause und Ihre Garage auf Vordermann gebracht haben, vergessen Sie Ihr Auto nicht. In den Seitenfächern, Ablagen und unter den Sitzen findet sich meist alles Mögliche, was hier nicht hingehört. Verhindern Sie, dass Ihr Wagen zum Müllwagen wird und Sie leere Flaschen, alte Taschentücher, Tankquittungen und Tüten durch die Gegend transportieren. Entrümpeln Sie auch den Kofferraum. Es muss keine klinische Sauberkeit herrschen, aber denken Sie daran, dass auch Ihr Auto eine Art Visitenkarte ist. Lassen Sie den Wagen regelmäßig waschen, dann macht das Fahren gleich wieder viel mehr Spaß.

Garten, Terrasse & Balkon

Sie können sich glücklich schätzen, wenn Sie einen Garten oder wenigstens eine Terrasse oder einen Balkon besitzen. Wenn Sie neue Energie tanken und Stress abbauen wollen, sind diese Orte perfekt dafür. Doch die Außenflächen, die Sie benutzen, sollten so gestaltet sein, dass Sie sich dort gerne aufhalten und wohl fühlen. Ein blühender Balkon oder Garten steht für Vitalität und Lebensfreude. Schön gestaltet, schafft er zusätzlichen Wohnraum unter freiem Himmel. Wer sich mit Blumen und Pflanzen beschäftigt, steht in direktem Kontakt mit schöpferischer Energie. Unser Chi wird durch ihr Wachstum und ihre Schönheit verstärkt und verbessert. Die Zeit und Energie, die Sie in die Pflege dieser Außenflächen stecken, kommt direkt auf Sie zurück.

Laden Sie Ihr Chi auf

Pflanzen können ohne uns gedeihen, doch wir können nicht auf sie verzichten. Wie mit dem Zeitraffer können wir an Pflanzen den Lauf des Lebens und die ständige Veränderung ablesen. Die Natur ist uns ein Ort zur Erholung und Entspannung. Pflanzen entfalten ihre positive Kraft in Innen- und Außenräumen gleichermaßen – vorausgesetzt, sie sind gesund. Verblühte, vertrocknete oder kranke Pflanzen symbolisieren den lebensfeindlichen, erstarrten Aspekt des Seins, den wir nicht verstärken wollen. Entfernen Sie deshalb tote Gewächse, pflegen Sie kranke Pflanzen und bringen Sie diese wieder zum Blühen. Respektieren Sie die Pflanze, indem Sie auf ihre Bedürfnisse hinsichtlich Standort, Boden und Pflege Rücksicht nehmen. Ein abwechslungsreich gestalteter Garten ist eine Augenweide, aber nicht jede exotische Pflanze kann im hiesigen Klima gedeihen. Und nur in einem stimmig angelegten Garten kann das Chi sich sammeln und weiter ins Haus fließen. Feng Shui hat viele Gestaltungstipps für diese Außenflächen. Wer sich mehr dafür interessiert, kann sich in Fachliteratur, im Internet oder bei Spezialisten informieren. Es gibt heute auch Gartenbauarchitekten, die nach den Feng-Shui-Regeln arbeiten.

Im Alltag verlieren wir leicht den Blick für das Schöne und nehmen nur das Störende wahr. Feng Shui heißt, nicht die Schattenseiten zu sehen, sondern sich das Positive im Leben bewusst zu machen.

Sorgen Sie für Vitalität

Entfernen Sie nicht nur tote Pflanzen, Laub, Äste etc., sondern achten Sie auch auf freie Wege und Fläche – Sie wollen ja vorwärtskommen. Bringen Sie die Gartenmöbel auf Vordermann. Reparieren Sie kaputte Teile, säubern Sie die Möbel und reinigen Sie die Polster. Inspizieren Sie auch die Pflanzenkübel und Gartengeräte. Mustern Sie regelmäßig defekte Dinge aus und reparieren Sie, was kaputtgegangen ist.

Der Speicher

Heute gibt es nur noch in wenigen Häusern den klassischen Speicher aus früherer Zeit. Das oberste Geschoss ist in der Regel ausgebaut und bewohnbar, als »Speicher« gilt höchstens noch ein kleiner Dachboden, wo sich nicht allzu viel verstauen lässt. Wenn Sie jedoch ganz oben im Haus einen solchen Abstellbereich haben, sollten Sie diesen natürlich auch entrümpeln.
Im Gegensatz zum Schattenreich im Keller symbolisiert der Raum über Ihrem Kopf die Zukunft. Deshalb wirkt die Energie des Krempels, den Sie im Speicher oder Dachboden aufheben, auf Ihre zukünftige Entwicklung ein. Geben Sie sich Luft zum Atmen. Stellen Sie sich vor, dass der Speicher symbolisch für Ihre Entwicklung, Ideen und Entfaltungsmöglichkeiten steht. Dann wird Ihnen bewusst, wie wichtig gerade hier das Entrümpeln ist. Wenn der Raum über Ihrem »Kopf« mit überflüssigem, altem Krempel vollgepackt ist, blockieren Sie sich selbst in Ihren Möglichkeiten. Alte Kleidung, Erinnerungstücke, ausrangierte Möbel etc. – dieses ganze Zeug beschränkt Sie unnötig in Ihrem Fortkommen, wenn es in Ihrem aktuellen Leben keinen Sinn und Platz mehr hat.
Das Ausräumen und Ausmisten des Dachbodens wird Ihnen neue Luft zum Atmen geben. Sie werden spüren, wie Ihre Kreativität neu mobilisiert wird und sich scheinbar ganz überraschend neue Chancen auftun, sobald das Gerümpel da oben endlich verschwunden ist. Das Entsorgen des alten Krempels wirkt wie ein Befreiungsschlag.

Weitere Lagerräume

Wer so viel Sachen besitzt, dass er sie zu Hause nicht mehr unterbringt, hat vermutlich andere Lagerräume organisiert. Das können zusätzliche Kellerräume, Speicher oder Garagen sein. Falls Sie über solche Abstellplätze verfügen, sollte Sie diese in nächster Zukunft ordentlich ausmisten. Welche Bedeutung können Sachen noch für Sie haben, wenn Sie diese an einem anderen Ort lagern müssen? Wenn Sie für diese Lagerkapazitäten auch noch Miete bezahlen, wird es höchste Zeit, das teure Gerümpel loszuwerden. Dann kostet es nicht nur Zeit und Nerven, sondern auch Geld, das Sie bestimmt besser einsetzen können.
In den USA finden regelmäßig »garage sales« (Garagenverkäufe) statt. Menschen stellen ihren Krempel vors Haus und verkaufen alles zu Schnäppchenpreisen. Warum veranstalten Sie nicht auch einfach mal so einen Lagerverkauf?

Feriendomizile

Wenn Sie in der glücklichen Lage sind, eine Ferienwohnung oder ein Haus an einem Urlaubsort Ihr Eigen zu nennen, dann sollten Sie bei Ihrem nächsten Aufenthalt dort ebenfalls ein paar Stunden fürs Ausmisten einplanen. Nehmen Sie dieses Buch einfach mit in den nächsten Urlaub starten Sie eine Aufräumaktion. Sie werden danach garantiert sehr entspannte Urlaubstage genießen und mit vielen neuen Eindrücken nach Hause kommen, weil alte und störende Elemente verschwunden sind!

Checken Sie Ihren Lebensmittelpunkt

Wenn Sie einem Beruf nachgehen, werden Sie in der Regel den größeren Teil des Tages nicht zu Hause verbringen. Rechnen Sie einmal aus, wie viele Stunden pro Woche Sie sich an Ihrem Arbeitsplatz aufhalten. Das können leicht 30 bis 40 Prozent Ihrer wöchentlichen Zeit sein. Deshalb sollte auch an diesem Ort das Chi störungsfrei fließen können.

Der Arbeitsplatz

Haben Sie ein Büro für sich allein, können Sie den Raum bei nächster Gelegenheit gründlich ausmisten und genauso wie Ihr Zuhause auf Vordermann bringen. Denn schließlich sollen ja auch an Ihrem Arbeitsplatz Ihre Persönlichkeit und Ihre Fähigkeiten zum Ausdruck kommen. Nehmen Sie sich also bald Zeit, um Schränke und Schubladen unter die Lupe zu nehmen und aufzuräumen. Das Kapitel »Das Arbeitszimmer« (siehe S. 92ff.) hilft Ihnen dabei.
Misten Sie alte Unterlagen aus, werfen Sie weg, was abgeschlossen und erledigt ist, und ordnen Sie den verbleibenden Rest. Bringen Sie so auch Ihre Ablage auf den neusten Stand. Damit befreien Sie sich von altem Ballast und machen sich frei für neue Entwicklungen und frische Ideen.

Mit neuem Schwung an die Arbeit

Sorgen Sie für Platz auf dem Schreibtisch, und räumen Sie alles Überflüssige weg. Je mehr Raum Sie haben, umso besser können Sie sich entfalten. Sie geben damit Ihrem beruflichen Fortschritt eine Chance. Ein aufgeräumter Schreibtisch oder Arbeitsplatz sorgt für Klarheit und fördert die Konzentration aufs Wesentliche.
Darum sollten Sie den Schreibtisch jeden Abend nach Beendigung der Arbeit ordentlich zurücklassen. Räumen Sie die Stifte in den Halter oder in die Schublade, legen Sie die Papiere ab, sodass die Schreibfläche frei ist. Je mehr unerledigte und abgelegte Dinge auf dem Schreitisch herumliegen, umso größer ist die Unlust, die Arbeit wieder in Angriff zu nehmen. Misten Sie regelmäßig Ihren Computer aus. Löschen Sie alte Dateien, die nur noch Speicherplatz kosten. Wichtige Dateien speichern Sie auf externen Medien, sodass sie den Rechner nicht verstopfen, aber bei Bedarf zur Verfügung stehen.

Finden Sie Ihre Chefposition

Wenn Sie die Möglichkeit haben, Ihren Schreibtisch umzustellen, dann sollten Sie ihn an der so genannten Chefposition positionieren. Die befindet sich gegenüber der Tür mit Blick in den Raum.
Der Sitzende sollte eine Wand im Rücken und die Tür im Blick haben, denn Türen und Fenster hinter dem Rücken erzeugen Nervosität. Wer viel am Schreibtisch arbeitet, sollte auch auf große Regale hinter seinem Rücken verzichten, da Rückenschmerzen die Folge sein können.

So bleibt die Wohnung aufgeräumt

Wenn Sie das 24-Stunden-Programm – zumindest teilweise – umgesetzt haben, dann halten Sie einmal inne und schauen sich um. Fühlen Sie sich wohl in Ihrem Zuhause? Gefällt Ihnen Ihre neue Ordnung? Spüren Sie, wie das Chi besser fließen kann? Wenn Sie ein gutes Gefühl haben, sollten Sie dafür sorgen, dass dieser Zustand anhält.

Kleine Feng-Shui-Checkliste für den Alltag

Es ist keine Zauberei, auch in Zukunft die Unordnung so einzudämmen, dass sie erst gar nicht wieder aufkommt. Viele kleine Handgriffe zwischendurch halten das Chaos in Schach. »Von nun an immer gerümpelfrei« lautet das Motto.

So halten Sie das Gerümpel in Schach:

- ○ Leeren Sie täglich die Papierkörbe aus; auch im Computer!
- ○ Entsorgen Sie verblühte Blumen und Pflanzen sofort.
- ○ Sammeln Sie keinen Nippes auf Fensterbänken an.
- ○ Verstauen Sie nichts mehr hinter Türen oder unter dem Bett.
- ○ Denken Sie beim Abstellen nie mehr: »nur vorübergehend«.
- ○ Checken Sie regelmäßig Schränke und Schubladen.
- ○ Entfernen Sie für ein neues Buch ein altes.
- ○ Lassen Sie kaputte Dinge sofort reparieren.
- ○ Werfen Sie Sachen, die nicht mehr zu reparieren sind, weg.
- ○ Sortieren Sie Kleider aus, die ein Jahr nicht getragen wurden.
- ○ Werfen Sie für ein neues Paar Schuhe ein altes Paar weg.
- ○ Hängen Sie die Garderobe nicht total voll.
- ○ Beantworten Sie Briefe zeitnah.
- ○ Bezahlen Sie Rechnungen sofort.
- ○ Räumen Sie abends immer Ihren Schreibtisch auf.
- ○ Hüten Sie sich vor neuen Sammlungen.
- ○ Prüfen Sie regelmäßig jedes Ding: Was kann weg?
- ○ Misten Sie Keller, Speicher und Abstellkammern regelmäßig aus.
- ○ Reinigen und lüften Sie Ihre Wohnung regelmäßig.
- ○ Geben Sie wichtigen Dingen einen angemessenen Platz.
- ○ Setzen Sie auf Qualität statt auf Quantität.
- ○ Schaffen Sie in jedem Raum eine leere Fläche.
- ○ Seien Sie ein Vorbild, aber üben Sie sich in Toleranz.
- ○ Lassen Sie die Finger von den Sachen des Partners.
- ○ Entrümpeln Sie zweimal im Jahr richtig, zum Beispiel im Frühjahr und zum Ende des Jahres.

Ordnungstipps für Partner

In Beziehungen stellt das Thema Ordnung häufig einen Streitpunkt dar. Die verschiedenen Vorstellungen, was Ordnung sein kann und in welchem Umfang Ordnung betrieben werden muss, kann beide Partner auf eine harte Probe stellen. Die individuellen Ordnungsstandards sind immer mit starken Gefühlen besetzt. Streit muss jedoch nicht zwingend die Folge dieses Dilemmas sein.
Wenn zwei Menschen, die zusammenleben oder zusammenarbeiten, sehr unterschiedliche Vorstellungen haben, was Ordnung betrifft, hilft nur eine Strategie: Verhandeln. Gegenseitige Schuldzuweisungen und Vorwürfe bringen Sie nämlich keinen Schritt weiter. Jeder Mensch hat eigene Ordnungsmaßstäbe, die er bei Bedarf hartnäckig verteidigen wird. Bei unterschiedlichen Positionen müssen sich beide Seiten zum Kompromiss bereit erklären. Sich zusammensetzen und eine Vereinbarung treffen, an die sich beide dann auch hundertprozentig halten, ist die Lösung aus dem Dilemma. Der Ordnungsliebende wird also Großzügigkeit leben müssen, während der unordentliche Partner mehr Disziplin an den Tag legen muss. Am besten treffen Sie eine schriftliche Vereinbarung, auf die jeder sich im Zweifel berufen kann.

Machen Sie sich diese Regel zum Grundsatz: Für jede neue Anschaffung wird etwas weggeworfen oder weggegeben.

Legen Sie Bereiche fest

In Büros oder Wohnungen ist es sinnvoll, verschiedene Ordnungsbereiche und -niveaus zu bestimmen. So sollten gewisse Räume, die von beiden gleichermaßen genutzt werden, natürlich ein höheres Maß an Ordnung aufweisen als etwa der Schreibtisch eines Chaoten. Keiner hat das Recht, allein das Ordnungslevel festzulegen. Ausgewogenheit ist das Ziel. Legen Sie auch diese Bereiche schriftlich fest, und vermeiden Sie dann jeglichen spöttischen Kommentar über die Ordnungsliebe oder Schlampigkeit des Partners.

Verteilen Sie die Aufgaben

Was dem einen leichtfällt, bedeutet für den anderen große Überwindung. Deshalb ist es sinnvoll, die Aufräumarbeiten zu verteilen. Wer Terminsachen gerne sofort erledigt, sollte sich also zum Beispiel um den Papierkram wie das Bezahlen von Rechnungen kümmern. Wer lieber größere Aktionen übernimmt, kann sich zum Beispiel dem monatlichen Aufräumen des Kleiderschranks widmen.

Leben Sie Ideale vor

Am besten bewährt hat es sich jedoch immer noch, als Vorbild zu fungieren. Denn wir lernen durch die Erfahrungen anderer und durch das Abschauen bestimmter Erfolgsstrategien. Wenn Feng Shui Ihr Leben bereichert, werden Sie allein durch Ihre Ausstrahlung bald auch andere dafür begeistern.

Gestalten Sie eine Aura des Glücks

Ein wichtiges »Werkzeug« im Feng Shui ist das Bagua-Raster. Es wird auf den Grundriss von Haus oder Wohnung übertragen und ordnet jedem wichtigen Lebensthema einen Bereich in der Wohnung zu. Auf dieser Grundlage bieten sich uns viele Möglichkeiten, unser Leben positiv zu beeinflussen und damit eine Fülle von Glücksmomenten zu erfahren.

Bagua – die neun Felder des Lebens

Feng Shui unterscheidet neun Lebensbereiche: Karriere, Wissen, Hilfreiche Freunde, Kinder, Partnerschaft, Ruhm, Reichtum, Familie und Gesundheit. Jeder Mensch hat hin und wieder Probleme in einem oder mehreren dieser Bereiche. Wir kennen verschiedene Möglichkeiten, mit diesen Problemen umzugehen. Zum Beispiel können wir mit Familie und Freunden über die Schwierigkeiten reden, Spezialisten hinzuziehen, neue Strategien entwickeln, den Standpunkt verändern, kämpfen oder auch resignieren.

Das Zuhause als Abbild des Lebens

Feng Shui geht einen anderen Weg: Der Blick ins eigene Zuhause eröffnet neue Möglichkeiten, die Schwierigkeiten anzugehen. Denn im Grundriss der Wohnung oder des Hauses spiegeln sich alle Lebensbereiche wider. Unser Zuhause ist ein Abbild unseres Lebens.

Das Bagua-Raster besteht aus neun gleich großen Feldern, jedes Feld entspricht einem der neun Lebensfelder Karriere, Wissen, Hilfreiche Freunde, Kinder, Partnerschaft, Ruhm, Reichtum, Familie und Tai-Chi/Gesundheit. Das Raster wird auf den Grundriss übertragen, es kann auch auf ein Grundstück oder nur auf ein Zimmer gelegt werden. Das Prinzip bleibt immer gleich: Mit dem Bagua bestimmt man die neun Lebensthemen in der Wohnung, im Haus oder im Zimmer. Die Ordnung und Gestaltung dieser Ecken spiegelt sich in den jeweiligen Lebensbereichen wider. Gibt es in einem dieser Lebensbereiche Störungen, muss die Energie in dem entsprechenden Wohnungsbereich wieder in Fluss gebracht, verstärkt oder verbessert werden.

REICHTUM	RUHM	PARTNERSCHAFT
FAMILIE	TAI-CHI / GESUNDHEIT	KINDER
WISSEN	KARRIERE	HILFREICHE FREUNDE

Mit dem Bagua arbeiten

Unser Leben und unser Zuhause sind nicht voneinander zu trennen. Der innere und äußere Lebensraum beeinflussen sich gegenseitig. In den vorangegangenen Kapiteln haben Sie bereits viel über die negative Wirkung von Unordnung und Gerümpel und die positive Wirkung des Aufräumens und Ausmistens gelesen. Mithilfe des Bagua können Sie nun einen Schritt weitergehen: Wenn Sie in einem bestimmten Lebensbereich immer wieder

Schwierigkeiten haben, lenkt das Bagua Ihren Blick auf den entsprechenden Wohnbereich. Oft ist dort ein Grund für die Probleme zu finden und ein Aufräumen oder Entrümpeln trägt zur Lösung bei. Außerdem können Sie ganz gezielt bestimmte Lebensbereiche verbessern, indem Sie den entsprechenden Bereich aktivieren. Dazu gibt es viele Hilfsmittel, die auf der Seite 132ff. näher erläutert werden.

Das Bagua lenkt Ihren Blick auf problematische Bereiche in Ihrem Leben und hilft Ihnen, Ihre Lebenssituation zu verbessern.

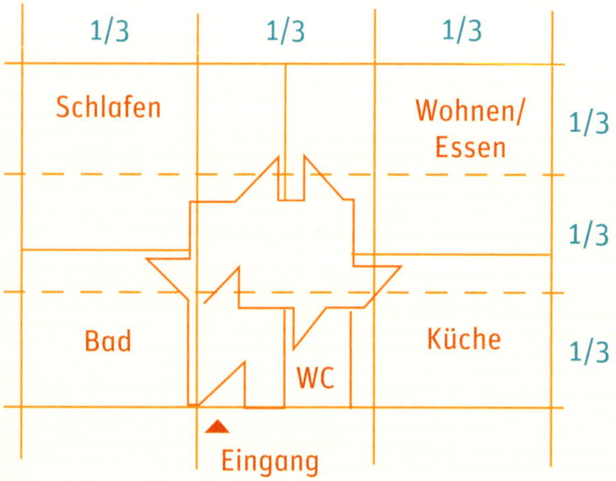

BEISPIEL 1

Das Bagua richtig anlegen

Zunächst brauchen Sie einen Grundriss Ihres Hauses oder Ihrer Wohnung. Wenn Sie keinen haben, versuchen Sie einen vom Architekten oder der Hausverwaltung zu bekommen. Ist das nicht möglich, zeichnen Sie ihn einfach selbst: Messen Sie die Länge und Breite aller Räume und erstellen daraus einen Plan im Maßstab 1:100, das heißt, ein Zentimeter auf dem Papier entspricht einem Meter der Wohnung.

Der Eingang in Ihr Haus oder in Ihre Wohnung bildet den Ausgangspunkt für das Bagua, daher legen Sie den Grundriss so vor sich hin, dass der Eingang unten liegt. Nun zeichnen Sie die Grundlinie des Bagua über die untere Linie des Plans. Danach ziehen Sie einen rechteckigen oder quadratischen Rahmen um den gesamten Grundriss und zeichnen schließlich die neun Felder ein, die alle gleich groß sein müssen. So entstehen neun Quadrate oder Rechtecke (siehe **Beispiel 1**).

Wenn Sie auf mehreren Etagen wohnen, legen Sie auf jedem Stockwerk das Bagua separat an. Hierfür ist es praktisch, Pergamentpapier über den Grundriss zu legen und das Bagua daraufzuzeichnen. Dann können Sie es leicht auf mehrere Grundrisse legen.

Auch bei Grundrissen mit unregelmäßigen Formen wird zuerst ein Viereck um den gesamten Bereich gezogen, dann werden die Felder eingezeichnet. Fehlt nur ein kleines Stück wie in **Beispiel 1**, spielt dies keine Rolle, denn der entsprechende Bereich ist trotzdem vorhanden. Sind hingegen einzelne Felder des Bagua in der Wohnung überhaupt nicht vorhanden beziehungsweise nur zu einem sehr kleinen Teil, bezeichnet man dies als »Fehlbereiche« (siehe **Beispiel 2**). Diese müssen ausgeglichen werden und bedürfen einer besonderen Gestaltung. Überhänge und Balkone hingegen verstärken einen Bereich und haben einen positiven Effekt, den Sie nutzen können. Wie Sie mit solchen besonderen Grundrissformen umgehen, lesen Sie auf Seite 116ff.

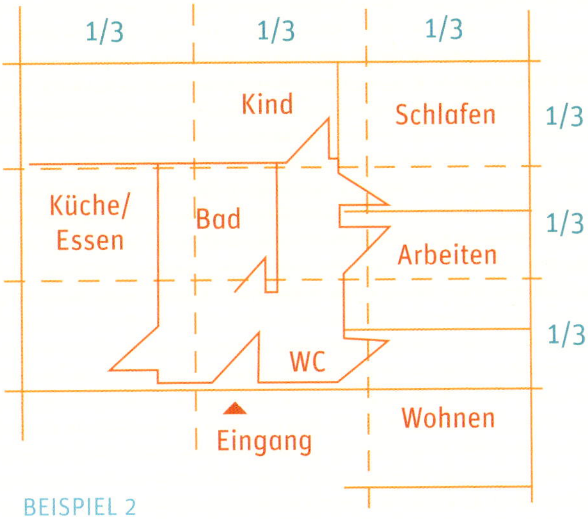

BEISPIEL 2

Nun sehen Sie das Raster auf dem Grundriss Ihrer Wohnung oder Ihres Hauses. Wenn Sie mögen, können Sie die Bezeichnungen der Felder eintragen, Sie können sich aber auch das Bagua aus dem Buch (siehe Seite 111) danebenlegen.

Wohnungsbereiche und Lebensthemen

Jedes Feld kennzeichnet einen Lebensbereich und symbolisiert damit, wie es um Ihre aktuelle Situation steht. Wenn es in Ihrem Zuhause einen Bereich gibt, der sehr unordentlich oder voller Gerümpel ist, dann kann es möglicherweise genau im entsprechenden Lebensbereich auch Schwierigkeiten geben. Überprüfen Sie selbst, ob das bei Ihnen vielleicht zutrifft. Überlegen Sie zum Beispiel, wo sich in Ihren vier Wänden eine unordentliche, vollgestopfte Abstellkammer befindet, und prüfen Sie mithilfe des Bagua, welchen Lebensbereich die Kammer verkörpert. Haben Sie vielleicht genau da Probleme? Und umgekehrt können Sie überlegen, was Ihnen immer wieder Sorgen macht und was Sie belastet, und mit dem Bagua herausfinden, welchem Wohnbereich dieses Thema entspricht. Befindet sich zum Beispiel das Reichtumsfeld im Bereich der Toilette, müssen Sie sich nicht wundern, wenn Ihnen das Geld durch die Finger rinnt.

Ist das Störfeld erkannt, haben Sie mithilfe von Feng Shui viele Möglichkeiten, Störungen oder Blockaden zu beseitigen, ungünstige Verhältnisse zu verbessern und Bereiche so zu aktivieren, dass das Glück angezogen wird. Auch wenn Sie nicht daran glauben: Probieren Sie es einfach mal aus, Sie werden überrascht sein, welche Auswirkungen Ihre Veränderungen haben. Lassen Sie sich von den positiven Energien beflügeln!

Test

Welcher Bereich braucht Ihre Aufmerksamkeit?

In welchen Lebensbereichen fehlt es Ihnen an Harmonie, Glück und Erfolg? Welche Situationen in Ihrem Alltag erleben Sie als schwierig oder unbefriedigend? Bevor Sie mit dem Bagua arbeiten, sollten Sie herausfinden, welche der neun Lebensbereiche Ihnen besonders am Herzen liegen. Kreuzen Sie dazu möglichst spontan die Aussagen an, die Ihnen im Moment am meisten entsprechen. Die Auswertung finden Sie auf der rechten Seite.

A Ich würde gerne beruflich etwas anderes machen.

B Ich habe immer noch nicht den richtigen Partner gefunden.

C Ich habe zu meinen Eltern kein gutes oder gar kein Verhältnis.

D Ich hoffe inständig auf einen großen Lottogewinn.

E Ich bin häufig unausgeglichen, gestresst oder innerlich unruhig.

F Ich bekomme nie ausreichend Unterstützung von außen.

G Meine Ideen oder Vorschläge finden nie wirklich Beachtung.

H Es passiert mir häufig, dass ich den gleichen Fehler wieder mache.

I Ich fühle mich oft als Mauerblümchen.

A Ich stecke im Job oft zurück.

B In meiner Beziehung oder Ehe ist es nicht immer harmonisch.

C Ich gerate oft mit Autoritäten oder Vorgesetzten in Streit.

D Ich spüre nie richtige Zufriedenheit, sondern will immer noch mehr.

E Mit meiner Gesundheit steht es seit einiger Zeit nicht zum Besten.

F Meine Ideen fallen selten auf fruchtbaren Boden.

G Das Verhältnis zu meinen Kindern ist nicht besonders gut.

H Ich kann oder will mich nicht auf mein Bauchgefühl verlassen.

I Wenn ich einen Raum betrete, dreht sich niemand nach mir um.

A In meiner beruflichen Karriere muss ich viele Hürden überwinden.

B Mein Partner versteht mich oder meine Bedürfnisse nicht richtig.

C Unser Familienleben ist alles andere als harmonisch.

D Mir ist ein gut gefülltes Bankkonto extrem wichtig.

E Ich fühle mich oft total ausgelaugt und bin abends erschöpft.

F Ich habe eigentlich keine Freunde, auf die ich zählen kann.

G Ich bin leider überhaupt kein kreativer Mensch.

H Ich sollte einige Probleme angehen, schiebe sie aber vor mir her.

I Hinter meinem Rücken wird oft schlecht über mich geredet.

A Ich bin mit meinem Job unzufrieden.

B Mit mir nahe stehenden Menschen gibt es immer wieder Streit.

C Zusammenkünfte mit der ganzen Familie sind mir ein Gräuel.

D Ich bin leider nie zur richtigen Zeit am richtigen Ort.

E Der Alltag stresst, manchmal wird mir einfach alles zu viel.

F Alles muss ich immer alleine schaffen oder durchstehen.
G Mir fehlt der Mut, etwas Neues oder Verrücktes auszuprobieren.
H Ich habe leider in vielen Bereichen große Wissenslücken.
I Ich würde gerne auch mal Ruhm ernten.
A Meine berufliche Aufgabe entspricht nicht meinen Vorstellungen.
B Streit mit den Nachbarn ist mir leider nicht fremd.
C Manchmal habe ich das Gefühl, auf unserer Familie lastet ein Fluch.
D Mich plagen ständig finanzielle Sorgen, nie ist genug Geld da.
E Ich wäre so gerne vitaler, fühle mich aber meist ziemlich schlapp.
F Ich bin nicht gerade ein offenherziger oder hilfsbereiter Mensch.
G Andere haben immer so gute Ideen, mir fällt nie etwas ein.
H Es fällt mir schwer, mich zu konzentrieren und etwas zu lernen.
I Was andere über mich denken, ist mir vielleicht zu wichtig.

Auswertung:

Jeder Buchstabe steht für einen Bereich. Je häufiger Sie einen Buchstaben angekreuzt haben, umso wichtiger ist dieser Bereich für Sie. Lesen Sie besonders aufmerksam die Informationen zu allen Bereichen, deren Buchstabe Sie in diesem Test markiert haben, auch wenn Sie das nur einmal getan haben. Kommt ein Buchstabe bei Ihren Antworten gar nicht vor, dürften Sie in diesem Bereich keine Schwierigkeiten haben.

A = Karriere; siehe Seite 120

B = Partnerschaft; siehe Seite 122

C = Familie; siehe Seite 123

D = Reichtum; siehe Seite 124

E = Tai-Chi/Gesundheit; siehe Seite 125

F = Hilfreiche Freunde; siehe Seite 126

G = Kinder; siehe Seite 128

H = Wissen; siehe Seite 129

I = Ruhm; siehe Seite 130

Besondere Grundrissformen

Die beste Harmonie im Sinne von Feng Shui weisen klassische Hausformen wie das Rechteck oder das Quadrat auf. Die moderne Architektur kennt jedoch ungewöhnliche Grundrisse, und auch alte Häuser haben oft durch An- oder Umbauten besondere Formen bekommen. Dies ist bei der Analyse mithilfe des Bagua zu berücksichtigen. Grundsätzlich gilt: Es spielen nur die bewohnten Räume eine Rolle, also Garagen, Schuppen oder ähnliche Anbauten werden durch das Raster nicht erfasst.

Je unregelmäßiger übrigens ein Grundriss ist, umso unruhiger kann sich auch das Leben gestalten. Wer ein solches Haus bewohnt, kann die unruhigen Zonen durch entsprechende Maßnahmen verbessern.

Erker, Balkone, Erweiterungen

Bei manchen Grundrissen ragt ein Teil des Gebäudes über den Rest hinaus. So ist bei **Beispiel 3** der Bereich Reichtum durch einen Erker vergrößert. Solche kleinen Zusatzflächen wirken sich günstig aus, da sie den entsprechenden Lebensbereich positiv verstärken. Sie werten den betreffenden Bereich auf und deuten auf Stärken in dieser Zone hin. Sind die Überhänge jedoch sehr groß, das heißt mehr als nur ein Erker oder Balkon, werden sie ins Bagua mit einbezogen. Dann ergibt sich ein Fehlbereich.

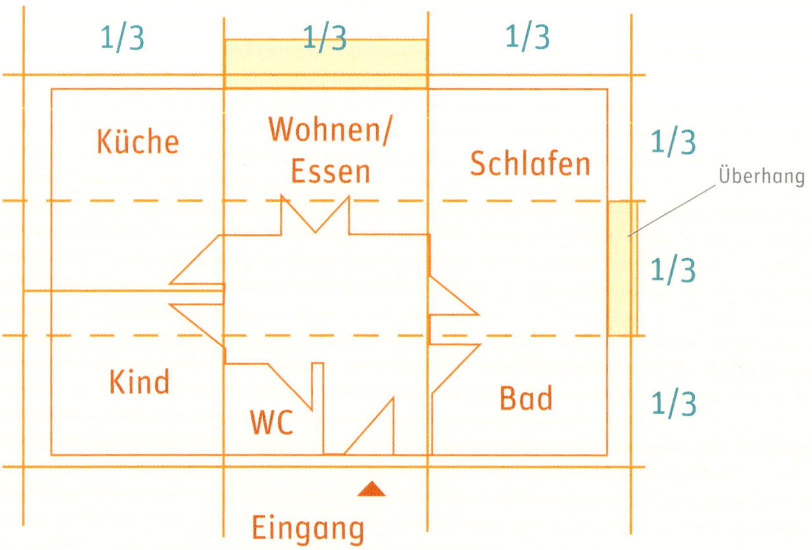

BEISPIEL 3

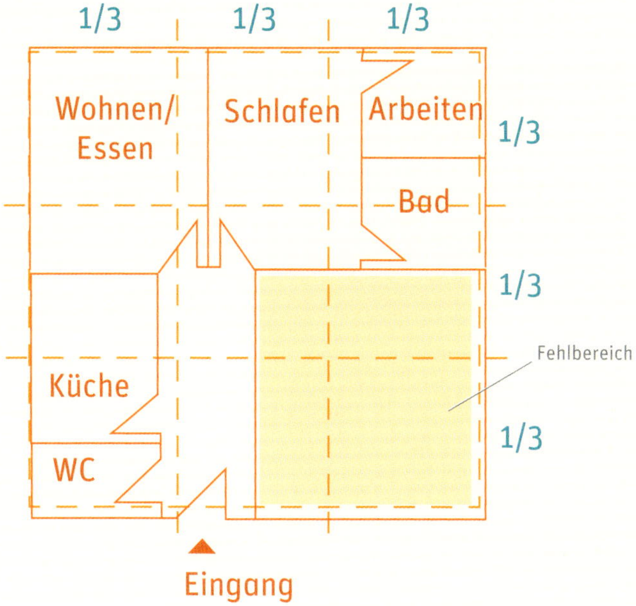

BEISPIEL 4

Fehlbereiche und Einschnitte

Bei l- oder u-förmigen Grundrissen existieren immer so genannte Fehlbereiche. Im **Beispiel 4** sind vier Bagua-Bereiche davon betroffen: Hilfreiche Freunde fehlt gänzlich, die Bereiche Karriere, Gesundheit und Kinder sind angeschnitten. Menschen, die in solchen Grundrissen leben, werden mit diversen Schwierigkeiten in den entsprechenden Lebensbereichen zu kämpfen haben, wenn sie die Fehlbereiche nicht ausgleichen.

Mit Feng Shui Fehlbereiche ausgleichen

Um fehlende Zonen auszugleichen, helfen Lampen, Laternen, Pflanzenkübel, Skulpturen oder Büsche, die den fehlenden Eckpunkt im Freien markieren. Falls der Fehlbereich in einen Garten fällt, kann er auch durch eine Steinfigur, eine Laterne oder einen Brunnen aufgewertet werden. Ragt ein Balkon in den Fehlbereich hinein, sollte er gepflegt und schön bepflanzt sein. Er sollte keinesfalls zu einem Abstellplatz für Getränkekisten und Gerümpel werden. Liegt der Bereich in einem öffentlichen Treppenhaus, scheuen Sie sich nicht, dort Pflanzen aufzustellen, um den Fehlbereich aufzuwerten.

Aber nicht immer lassen sich solche Maßnahmen durchführen, zum Beispiel wenn Sie in einem Miets- oder Hochhaus wohnen. Dann kann die fehlende Zone im Innenbereich ergänzt werden. Spiegel oder Landschaftsbilder an den Wänden zu den Fehlbereichen erzeugen optische

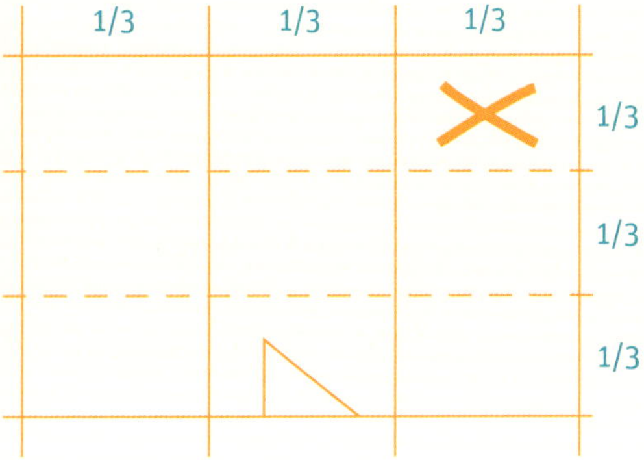

BEISPIEL 5

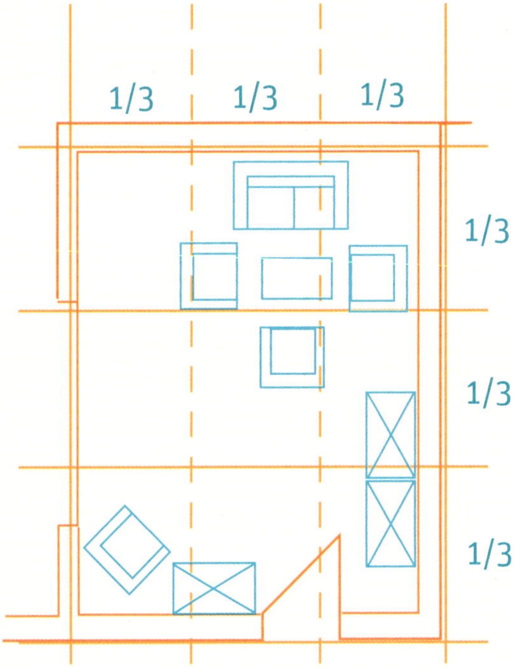

BEISPIEL 6

Tiefe und vergrößern quasi den Raum (siehe auch Seite 132ff.). Gibt es Fenster und Türen, die sich zum Fehlbereich hin öffnen lassen, dann hängen Sie dort Kristalle oder Klangspiele auf, um die Energie zwischen innen und außen fließen zu lassen.

Das Mini-Bagua für jeden Raum

Das Bagua lässt sich nicht nur auf die ganze Wohnung anlegen, sondern auch auf jedes einzelne Zimmer. Mit dem Mini-Bagua können Sie so jedes Zimmer separat, also jeden Lebensbereich noch zusätzlich verbessern. Wenn Sie zum Beispiel gezielt den Bereich Partnerschaft aktivieren wollen, sollten Sie in jedem Raum im betreffenden Bereich – von der Tür aus betrachtet hinten rechts – doppelte Symbole platzieren oder Fotos aufstellen, die Sie mit Ihrem Partner in einer glücklichen Situation zeigen.
Mit dem Mini-Bagua können Sie jeden Raum aktivieren, zum Beispiel auch Ihr Büro, das sich außerhalb befindet. Jedes Zimmer, das von harmonischem Chi durchströmt wird, wird Ihre Lebensumstände positiv beeinflussen. Jeder einzelne Raum wirkt wie ein kleines Kraftzentrum – nutzen Sie diese Kraft!

Bagua – Wegweiser zum Glück

In diesem Kapitel erfahren Sie, wie Sie mit dem Bagua arbeiten können. Die Vorarbeit dafür haben Sie bereits geleistet, der Grundriss Ihrer Wohnung oder Ihres Hauses liegt vor Ihnen. Nun gehen Sie die einzelnen Bereiche kritisch durch und überlegen, wo Sie etwas verbessern können. Wo fehlen Ihnen glückliche Fügungen und Erfahrungen? In welchen Lebensbereichen wollen Sie endlich Glück erfahren? Seien Sie ehrlich, erkennen Sie Ihre Gefühle und gehen Sie dann konsequent vor! Wenn Sie Gerümpelecken ignorieren oder herunterspielen, schaden Sie sich am Ende nur selbst.

Die Bagua-Zonen klären und stärken

Mit Ihrer Entdeckungsreise haben Sie den Startschuss für ein abwechslungsreiches und erfülltes Leben gegeben. Was anfangs vielleicht schwierig erschien, geht Ihnen nun schon viel leichter von der Hand. Sie haben den Feng-Shui-Gedanken »Leben heißt Veränderung« verinnerlicht. Das ist ein wunderbarer Fortschritt! Und da Sie Veränderung nun als Chance begreifen und keine Angst mehr davor haben, liegen Jahre voller Freude, Überraschungen und Lebenslust vor Ihnen! Auf dieser Reise haben Sie ja auch entdeckt, dass bereits alles in Ihnen steckt, was Sie für dieses Leben brauchen: Mut, Hoffnung, Kreativität, Liebe. Sie müssen nur auf Ihre Ressourcen zurückgreifen. Nehmen Sie sich die Freiheit, sich zu verwirklichen und Ihr Glück zu finden!

Nach dem Entrümpeln und Aufräumen können Sie sich zunächst die Bagua-Zonen anschauen, in denen Sie möglicherweise Schwierigkeiten haben, die Ihnen Sorgen machen und denen noch der »Glückshauch« fehlt. Welche Bereiche das sind, haben Sie mit dem Test herausgefunden – wenn Sie es nicht schon längst wussten. Diese »Problemzonen« lassen sich gezielt klären und aktivieren.

Gehen Sie systematisch vor

Wie bereits ausführlich besprochen, ist aufzuräumen und Überflüssiges auszusortieren die erste Maßnahme. Damit lösen Sie Blockaden, schaffen Platz für Neues, Veränderungen und Glücksmomente. Um einen Bereich gezielt zu stärken und zu aktivieren, gibt es darüber hinaus verschiedene Hilfsmittel. Zum Beispiel lässt ein offenes Gefäß in der Reichtums-Zone mehr Wohlstand einströmen, und eine Lampe im Bereich Ruhm verbessert die Ausstrahlung. In der Liebesecke haben Dinge ihren Platz, die der Beziehung guttun, zum Beispiel Souvenirs oder Fotos vom Liebesurlaub. Pflanzen oder Gegenstände, die Wachstum symbolisieren, helfen in Familienangelegenheiten. Die Mitte des Hauses oder der Wohnung repräsentiert Gesundheit und Lebenskraft, die sollte frei bleiben, damit die Energien hier ungehindert fließen können.

Testen Sie die Bagua-Wirkung

Machen Sie die Probe aufs Exempel und räumen Sie auf, misten Sie aus und aktivieren Sie die Energie. Schon ein paar kleine Veränderungen werden den Energiefluss aktivieren und somit das irdische Glück fördern. Es funktioniert auch dann, wenn Sie nicht an Feng Shui glauben. Probieren Sie es einfach aus! Erfahrungsgemäß gehen innerhalb weniger Wochen die Widerstände deutlich zurück und ganz plötzlich bieten sich unerwartete Möglichkeiten. Sie werden die Ursache für Probleme klarer erkennen und Lösungen finden, die Sie erfolgreich umsetzen werden. Denn die glücklichen Fügungen stehen ja schon vor Ihrer Tür! Sie müssen sie nur noch einladen.

Gelassenheit, innere Ruhe, Geselligkeit, Umgänglichkeit, ein hohes Selbstwertgefühl, Selbstvertrauen und funktionierende Beziehungen – dies zeichnet glückliche Menschen aus. Die Anwendung des Bagua soll genau diese Wesenszüge fördern.

Im Folgenden werden die Bereiche in der Reihenfolge besprochen, die sie im Feng Shui haben. Lassen Sie sich Zeit, um die einzelnen Themen zu bearbeiten. Fangen Sie nicht damit an, sofort alle Bereiche umzuräumen und Symbole aufzustellen. Gehen Sie die Themen nacheinander an, und wenn Sie einen Bereich entrümpelt, aufgeräumt und aktiviert haben, warten Sie ab, bis sich etwas verändert hat, bevor Sie sich dem nächsten zuwenden.

»Dinge wahrnehmen ist der Keim der Intelligenz.«
Laotse

Karriere

Der Bereich Karriere symbolisiert die Lebensaufgabe und den Fluss des beruflichen Lebens. Der Teil Ihres Zuhauses, der sich in diesem Bereich befindet, spiegelt Ihre berufliche Situation wider. Das Feld »Karriere« wird auch manchmal »Reise« genannt, weil es den eigenen Lebensweg und die Verwirklichung im Beruf beschreibt.

Würden Sie am liebsten einem ganz anderen Beruf nachgehen, aber trauen sich nicht, die notwendigen Schritte einzuleiten? Oder haben Sie ganz allgemein das Gefühl, dass das, was Sie tun, im Grunde nicht das Richtige für Sie ist? Vielleicht stoßen Sie bei Ihrer beruflichen Karriere auch häufig auf Widerstände und kommen nicht so weiter, wie Sie es sich wünschen und wie es Ihrem Wissen, Ihren Fähigkeiten und Ihrem Engagement entspricht.

Wenn Sie mit Problemen im Job zu kämpfen haben, sollten Sie sich den entsprechenden Wohnbereich ansehen. Was blockiert hier den Chi-Fluss? Unaufgeräumte Ecken und Gerümpel wirken sich auf das Berufsleben aus. Wenn in diesem Wohnbereich die Lebensenergie nicht fließen kann oder gebremst wird, werden Sie das Gefühl haben, nicht weiterzukommen, oder Sie werden keine Freude an Ihrer Arbeit haben.

Der griechische Philosoph Aristoteles sah Glück als die Folge von Tätigkeit. Diese Anschauung unterstreicht, dass das Glück uns nicht einfach zufällt, sondern sich als Folge unseres Handelns einstellt. Wir selbst bereiten den Boden für die Glücksmomente. Misten Sie also den Bereich in Ihrer Wohnung, der für die Karriere steht, aus, räumen Sie auf. Werfen Sie Ihren alten Krempel weg, der sich in dem Raum beziehungsweise in den Ecken stapelt. Bringen Sie diesen Bereich zum »Glänzen«! Sorgen Sie für ideale Bedingungen in Ihrem Heim und schaffen Sie eine angenehme Atmosphäre und Ordnung. Das wird sich positiv auf Ihre beruflichen Aktivitäten auswirken. Alles, was im Bereich »Karriere« herumsteht und den Weg zum Hürdenlauf macht, wird sich nämlich auch als berufliches Hindernis erweisen.

Feng-Shui-Tipps für eine erfolgreiche Karriere

Diese Zone in Ihrem Zuhause sollte sehr hell, also gut ausgeleuchtet sein. Das Glück soll strahlen! Befindet sich die Karriere-Zone im Wohnzimmer, sollte dieses eine einladende Atmosphäre aufweisen und von weichen, sanften Formen bestimmt sein. Es sollte genügend Raum für »Bewegung« vorhanden sein! Sie wollen ja weiterkommen. Wasser, das in China symbolisch für Wohlstand und Fülle steht, passt perfekt in diesen Bereich, weil es Bewegung verkörpert, es findet überall einen Weg. Das kann durch ein Bild mit einem Wasserfall, einen Zimmerbrunnen, eine mit Wasser gefüllte Schale oder ein kleines Aquarium symbolisiert werden. Aber auch ein Spiegel verstärkt hier das Chi.

Es spielt keine Rolle, welcher Teil Ihrer Wohnung sich im Karriere-Bereich befindet. Ein Abstellraum ist kein Karrierehindernis, nur der Krempel, der sich dort ansammelt. Befindet sich der Flur in der Karriere-Zone, spielt Ihr beruflicher Werdegang eine große Rolle in Ihrem Leben. Eine Treppe in diesem Feld deutet darauf hin, dass die Karriere mit einem gewissen Auf und Ab verbunden

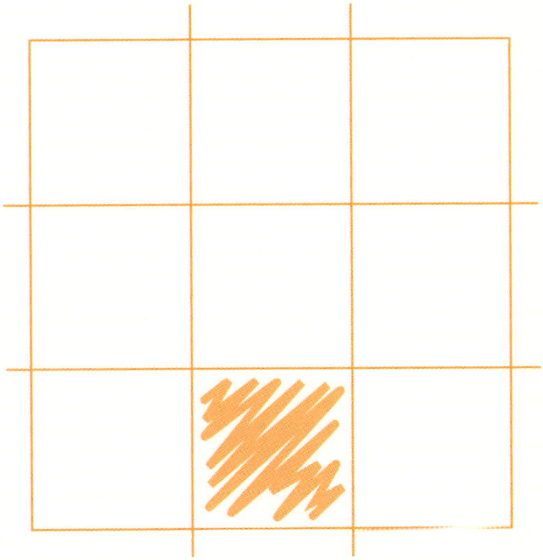

KARRIERE

ist. Eine geschwungene und perfekt ausgeleuchtete Treppe gleicht dieses Manko aus. Machen Sie die Treppe zum Beispiel zu einer Art Bildergalerie, um dort die Energie zu verbessern.

Bisher haben Sie vielleicht oft darüber gegrübelt, ob Sie der richtigen Idee folgen, ob Sie den besten Weg gewählt haben und ob Erfüllung im Beruf überhaupt möglich ist. Diese Grübeleien werden nun verschwinden. Denn nun sind Sie auf dem besten Weg, ein Glückspilz zu werden.

Wenn Sie zu Hause Ihre Karriere-Zone nach Feng Shui positiv verändert haben, sollten sich bald neue berufliche Möglichkeiten eröffnen oder Hindernisse im Job auflösen. Sie werden dann auch die Anerkennung für Ihre Arbeit ernten, die Sie verdienen. Ab jetzt sind Sie selbst Ihres Glückes Schmied.

PARTNERSCHAFT

Partnerschaft

Diese Zone wird manchmal auch mit »Ehe« oder »Beziehungen« beschrieben. Sie steht also nicht nur für Ihre Liebesbeziehung, sondern zeigt auch, wie der Umgang mit Freunden oder Nachbarn klappt.

Der kleine Prinz aus dem gleichnamigen Buch von Antoine de Saint-Exupéry erfährt im Verlauf seiner Reise ein Geheimnis: »Man sieht nur mit dem Herzen gut. Das Wesentliche ist für die Augen unsichtbar.« Wenn es in Ihren engen Beziehungen oder auch in Ihrer Ehe an Harmonie und Verständnis fehlt oder Sie den richtigen Partner noch nicht gefunden haben, dann kann Ihnen das Bagua helfen, mit dem Herzen zu sehen. Dieses Feld ist für die Liebe und für Partnerschaften von großer Bedeutung. Damit ein harmonisches Miteinander und erfüllte Beziehungen möglich werden, muss der entsprechende Wohnbereich von allem befreit werden, was trennende Wirkung hat.

Feng-Shui-Tipps für eine erfüllte Partnerschaft

Grundsätzlich gilt für diesen Bereich: Störende oder defekte Dinge müssen verschwinden. Unordnung stört das Liebesleben und behindert harmonische Beziehungen. Steht zum Beispiel der Kleiderschrank in dieser Zone, sollten Sie ihn unbedingt ausmisten und Platz darin schaffen. Gegenstände zur Dekoration, die an vergangene oder gescheiterte Beziehungen erinnern, sollten Sie loswerden, um für das Glück in der Gegenwart offen zu sein. Geschickt platzierte Stehlampen tauchen die Zone in sanftes, warmes Licht. Da die Partnerschaft Entwicklung und nicht Stillstand braucht, sollte in diesem Wohnbereich Offenheit zum Ausdruck kommen. Überraschungen und Freiräume sind das Geheimnis glücklicher Beziehungen, denn sie bewahren den Zauber der Liebe. Ein Raum, der mit Möbeln vollgestellt ist, die den freien Durchgang behindern, würde die Möglichkeit zur Weiterentwicklung blockieren.

Platzieren Sie hier Symbole, die für Partnerschaft stehen, sowie Gegenstände, die Sie paarweise aufstellen, zum Beispiel zwei gleiche Figuren oder zwei gleiche Kerzen. Frische Blumen und blühende Pflanzen unterstützen ebenfalls die Partnerschaft. Wenn Sie oder Ihr Partner ein hitziges Temperament haben, sollten Sie auf die Farbe Rot in diesem Bereich verzichten. Wollen Sie jedoch eine Auffrischung der Beziehung, empfiehlt sich Rot geradezu, denn es hat eine anregende Wirkung.

Wenn Sie zu Hause Ihren Partnerschafts-Bereich aktiviert haben, sollten Sie bald einen Partner finden oder eine bestehende Partnerschaft wird neu belebt. Frischer Wind wird eine festgefahrene Beziehung wieder in Schwung bringen. Ihre so neu geschaffenen Glücksaura wird Sie wie ein Duft einhüllen und bald Wirkung zeigen.

Familie

Dieser Bereich symbolisiert unsere Herkunft und persönlichen Wurzeln. Unsere Vorfahren und die Vergangenheit haben Einfluss auf unser gegenwärtiges Leben. In dem Bereich Familie spiegelt sich die Verbindung zu Eltern, Großeltern und Vorfahren, aber auch zu Lehrern, Vorgesetzten oder Autoritätspersonen wider. Wer zum Beispiel viel Zeit in einem Verein verbringt, kann dies ebenfalls dazuzählen.

FAMILIE

Es geht darum, wie es um die familiären Beziehungen steht, wie das Verhältnis zu den Eltern und Ahnen ist und welche Probleme aus der Vergangenheit noch ungelöst sind und bis ins Heute wirken. Menschen mit komplizierten Familienbeziehungen, wo keine Harmonie herrscht, sollten diesem Bereich große Aufmerksamkeit schenken. Die Vergangenheit ist die Basis für die Gegenwart. Gute familiäre Beziehungen sind ein wichtiger Glücksfaktor. Glückliche Menschen verbringen weniger Zeit allein, sie umgeben sich möglichst oft mit Familie und Freunden. Deshalb trägt Harmonie in diesem Bereich zu unserem Glück bei.

Feng-Shui-Tipps für ein harmonisches Familienleben

Große Unordnung und Ansammlungen von altem Krempel in diesem Bereich symbolisieren familiäre Probleme, aber auch Konflikte mit Autoritätspersonen. Je ordentlicher und klarer diese Zone ist, umso leichter funktionieren diese Beziehungen. Lassen Sie Altes und Vergangenes los und entschärfen Sie somit die Konflikte. Alles, was die Vergangenheit widerspiegelt, muss geprüft und, wenn es negative Gefühle hervorruft, entfernt werden.

Bewahren Sie nur Familienfotos von geliebten Familienmitgliedern auf, Bilder, die an schöne Momente erinnern, und Erinnerungsstücke, die mit guten Gefühlen verbunden sind. Diese Stücke harmonisieren das Familienleben. Nach Feng Shui vitalisieren nach oben strebende, große Dinge, wie beispielsweise ein Baum, den Familien-Bereich: Stellen Sie also große Pflanzen auf oder hohe Figuren aus Holz (nicht aus Metall), wenn dies möglich ist.

Wenn Sie den Bereich Familie nach Feng Shui gestärkt haben, sollten sich bestehende familiäre Konflikte in Luft auflösen, und das Familienleben sollte sich insgesamt entspannen. Die Beziehung zu den Eltern, zu Vorfahren und zu Autoritätspersonen wird bald von Respekt getragen sein.

REICHTUM

Reichtum

Die Reichtums-Zone wird bisweilen auch mit »Wohlstand« überschrieben. Mit beiden Begriffen ist nicht nur der materielle Reichtum gemeint, sondern auch die Tatsache, ob ein Leben erfüllt und segensreich ist. Der entsprechende Wohnbereich verrät, ob ein gutes Selbstbewusstsein existiert und sich finanzieller Wohlstand und Glück entwickeln können. Diese Zone steht für die Fähigkeit, Chancen und Glück zu erkennen, und beschreibt den Umgang mit materiellen Werten. Stimmt die Energie in diesem Bereich, laden Sie glückliche und bereichernde Momente ein.

Hier dreht sich alles um Werte, nicht um Profit. Wer ständig finanzielle Probleme hat und wenig Selbstwertgefühl besitzt, sollte sich diesen Bereich deshalb genau ansehen. Denn Glück erzeugt Glück. Die Psychologie bestätigt, was Feng Shui lehrt: Nicht Erfolg macht glücklich, sondern Glück macht erfolgreich. Denn Glückskinder vertrauen auf die eigenen Fähigkeiten, arbeiten aktiv daran, hoffen stets das Beste, erkennen sich bietende Chancen und nutzen diese. Vor allem lassen sie sich nicht entmutigen. Und das können Sie auch!

Feng-Shui-Tipps für mehr Wohlstand

Gerümpel in diesem Wohnbereich beeinflusst Ihren finanziellen Wohlstand auf äußerst negative Weise. Es blockiert sogar den Geldfluss. Unordnung erschwert die Möglichkeiten, Werte zu schaffen und Wohlstand zu erwerben. Alter, kaputter und überholter Krempel symbolisiert Finanzprobleme. Entrümpeln Sie deshalb diesen Bereich rigoros, wenn Geldsorgen Sie plagen. Räumen Sie alle Hürden aus dem Weg, damit der Geldfluss wieder in Gang kommen kann.

Hier sollten Sie wertvolle, edle und ungewöhnliche Dinge platzieren, alles, was für Sie Fülle, Glück und Reichtum darstellt. Dazu zählen wertvolle Schalen oder Vasen, kostbare Ausstellungsstücke, Accessoires, die für Sie Überfluss symbolisieren. Wasser, ebenfalls ein Symbol für Reichtum, stärkt diesen Bereich. Bilder von Wasserfällen, ein Aquarium oder ein Zimmerbrunnen verbessern die Energie. Sie können aber auch schöne leere Gefäße aufstellen, die sich symbolhaft füllen: Große Vasen, offene Schalen nehmen die einströmende Fülle auf.

Wenn Sie Ihre Reichtums-Zone nach Feng Shui positiv verändert haben, sollten sich bald neue lukrative Gelegenheiten auftun. Materieller Wohlstand wird Geldnöte beenden. Ihr Selbstbewusstsein wird sich verbessern und stabilisieren.

Gesundheit

Im Feng Shui heißt dieser Bereich »Tai-Chi«. Er beschreibt unsere innere Mitte oder das Zentrum, in dem sich alles verbindet und sammelt. Dieser Bereich symbolisiert auch den Körper, seinen Zustand und die Gesundheit. Hier befindet sich das Zentrum der Lebenskraft, woraus wir die Energie für unseren Alltag schöpfen. Stärken wir unsere Mitte, erlangen wir innere Stärke und Gelassenheit.

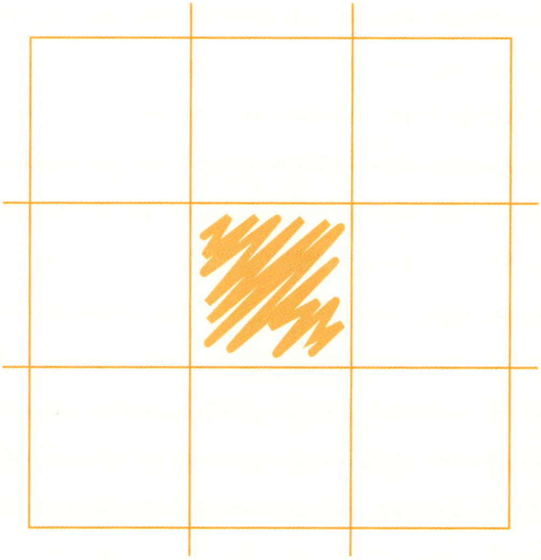

GESUNDHEIT

Dieser harmonische Zustand fühlt sich an, als würde wohlige Wärme unseren Körper durchströmen. Gesundheit ist zwar nicht alles, aber ohne Gesundheit ist alles nichts.
Entsprechend korrespondiert diese Zone mit der Mitte der Wohnung oder des Hauses. Zugunsten einer starken Vitalität und Ausgeglichenheit sollte dieser Wohnbereich völlig unbelastet sein. Hier muss das Chi frei fließen können.
Wenn Sie sich häufig unausgeglichen, gestresst oder innerlich unruhig fühlen oder gesundheitliche Probleme haben, sollten Sie das Zentrum Ihres Hauses oder Ihrer Wohnung untersuchen. Ist hier der Chi-Fluss blockiert, kann das Stress und Erschöpfung zur Folge haben. Dann gewinnt der Alltag zu viel Macht und wir fühlen uns den äußeren Kräften hilflos ausgeliefert. Jeder Mensch braucht eine innere Stabilität und Struktur, um sein Leben meistern zu können. Eine starke Mitte zu besitzen heißt, im Leben gelassen zu bleiben und den Alltag fröhlich meistern zu können.

Feng-Shui-Tipps für eine stabile Gesundheit und mehr Vitalität

Unordnung und Gerümpel im Gesundheits-Bereich schaden uns direkt. Problematisch ist es, wenn sich hier ein offener Kamin befindet, durch den das Chi entwischt. Verschließen Sie daher eine Kaminöffnung zum Beispiel mit einem Funkenschutzgitter. Ungünstig in dieser Zone sind auch trennende Mauern oder Schächte. Treppen können ebenfalls auf ein Leben voller Stress oder Krankheiten hinweisen und brauchen stärkende Maßnahmen, zum Beispiel können Sie Regenbogenkristalle aufhängen, um die Energie zu halten. (siehe auch Seite 132ff.)
Bevorzugen Sie leichte, filigrane Möbel, sie fördern das Wohlbefinden, während schwere Möbel belasten. Hier gilt: Weniger ist mehr. Materialien, die an das Element »Erde« erinnern, aktivieren diesen Wohnbereich: Gegenstände aus Keramik oder Terrakotta und die Farben Gelb, Orange, Ocker und Braun verbessern die Atmosphäre und stärken die Mitte. Vermeiden Sie jedoch dunkle oder düstere Elemente, die Körper, Geist oder Seele belasten.
Wenn Sie Ihre »Mitte« nach Feng Shui aktiviert haben, sollten gesundheitliche Störungen und unerklärliche Beschwerden verschwinden. Die Heilung wird gefördert, Sie werden vitaler sein und über mehr Energie verfügen. Statt Kummerfalten wird ein Lächeln auf Ihrem Gesicht erscheinen. Der aktivierte Energiefluss tut Körper und Seele gut. Erleben Sie, wie befreiend und entspannend eine gestärkte Mitte sein kann.

Hilfreiche Freunde

Mentoren oder Sponsoren unterstützen uns, gute Freunde und Kollegen stehen uns zur Seite. Wer solche Erfahrungen macht, kann sich glücklich schätzen. »Hilfreiche Freunde« sind ein unschätzbarer Wert im Leben, denn jeder von uns braucht hin und wieder Beistand, Hilfe oder »gute Beziehungen«. Glückliche Zufälle, günstige Fügungen, interessante Kontakte helfen uns im Leben weiter. Aber auch der Schutzengel, der uns vor Schaden oder Unfällen bewahrt, gehört in diesen Bereich. Allerdings geht es dabei nicht nur um das Nehmen, sondern auch um das Geben. Denn Freundschaft und Unterstützung sind keine Einbahnstraße. Alles was wir geben, kommt auf uns zurück.

Wenn Sie das Gefühl haben, nie ausreichend Unterstützung von anderen zu bekommen, im Zweifelsfall alles alleine durchstehen und bewältigen zu müssen, sollten Sie sich mit dem Bereich Hilfreiche Freunde näher beschäftigen. Vermutlich gibt es einige Blockierungen zu entfernen. Eine starke Glücksaura in diesem Bereich macht seine Bewohner warmherzig, verzeihender und hilfsbereiter. Diese Wesenszüge zeichnen glückliche Menschen aus und fördern freundschaftliche Beziehungen.

HILFREICHE FREUNDE

Feng-Shui-Tipps für mehr Unterstützung

Lernen Sie zu geben, zu helfen, zu verschenken, loszulassen und sich zu trennen. Das können Sie gleich bei Ihrem überflüssigen und nutzlosen Gerümpel üben, denn dies stellt eine Blockade dar. Entrümpeln Sie den Bereich Hilfreiche Freunde, machen Sie klar Schiff und verschenken Sie großzügig. Dann sollte das Gefühl, es immer allein schaffen zu müssen, bald verschwinden.

Vom Geben und Nehmen

Man muss zuerst säen, um später ernten zu können. Geben Sie gerne und großzügig? Wenn nicht, warum sollten es andere tun? Freundschaft und Unterstützung sind keine Einbahnstraße. In der Physik kennt man das »Energieerhaltungsgesetz«, das besagt, dass die Summe aller Energie konstant bleibt, keine Energie verloren geht, sondern nur umgewandelt wird. Wenn Sie also jemanden unterstützen, kommt Ihr Einsatz auf Sie zurück, nicht unbedingt von der Person, der Sie geholfen haben, sondern auch von anderen Menschen. Aber Ihre »Energie« geht niemals verloren.

Wenn Sie Platz haben, stellen Sie einen Tisch auf, an dem Sie mit Ihren Freunden zusammen sein können. Positiv und verstärkend wirken hier Fotos von guten Freunden und Geschenke, die Sie von lieben Menschen erhalten haben, sowie Gegenstände aus Metall. Halbedelsteine, Edelsteine oder Regenbogenkristalle in diesem Wohnbereich ausgelegt, aktivieren Fürsorge und Unterstützung.
Wenn Sie den Bereich Hilfreiche Freunde nach Feng Shui gestärkt haben, sollten sich neue freundschaftliche Kontakte ergeben und bestehende Freundschaften vertiefen. Menschen werden Sie unterstützen oder Ihnen Hilfe anbieten. Dies kann über den privaten Bereich hinausgehen und auch zu beruflichen Vorteilen führen. Dieser Bereich fördert nämlich auch Ihr »Networking«. Zudem wird es Ihnen selbst leichterfallen, anderen zur Seite zu stehen oder einen Freundschaftsdienst zu leisten.
Auf diese Weise fördern Sie mithilfe von Feng Shui neue Gemeinsamkeiten. Und wenn wir Liebe und Freundschaft erfahren, erfüllt uns das mit Glücksgefühlen. Die Nähe zu anderen und das gemeinsame Erleben tun uns gut. Ein Abend im Kreis von Freunden, einen Ausflug mit gleich Gesinnten, Unterstützung durch Kollegen – all das gibt uns das Gefühl von Geborgenheit, verleiht uns Stärke und Selbstvertrauen.

KINDER

Kinder

Dieser Bereich steht zum einen für die Beziehung zu den eigenen Kindern, zum anderen für die »geistigen« Kinder, also unsere Kreativität, Ideen, Vorhaben und die Chancen zur Selbstverwirklichung. Kinder und Kreativität repräsentieren Lebendigkeit und Begeisterungsfähigkeit. Der entsprechende Wohnbereich ist daher nicht dafür geeignet, auszuspannen und sich zu erholen. Hier ist der Nachwuchs zu Hause und das Feld hat ein sehr dynamisches Energiepotenzial.
Wenn Ihre Ideen oder Vorschläge keine Beachtung finden, Ihre Kreativität versiegt ist und Ihnen der Mut fehlt, mal etwas ganz Neues oder völlig Verrücktes auszuprobieren, sollten Sie diesen Wohnbereich aktivieren. Auch ein schwieriges Eltern-Kind-Verhältnis kann deutlich entspannter und harmonischer werden, wenn Sie diesen Bereich stärken. Feng Shui heißt, eine Fülle an glücklichen Erfahrungen zu machen und nicht auf Sparflamme zu leben.

Feng-Shui-Tipps für sprudelnde Kreativität und glückliche Kinder

Gerümpel im Bereich Kinder deutet auf Probleme mit dem Nachwuchs oder bei der Verwirklichung von eigenen Projekten hin. Entrümpeln Sie diese Zone gründlich und machen Sie dadurch den Weg frei für eine bessere Verständigung und für Möglichkeiten, Ihre Ideen umzusetzen. Da Sie Ihre schöpferische Seite mobilisieren, werden Ihnen auch neue Lösungen für alte Probleme einfallen. Widerstände verschwinden dann von selbst.

Da hier die Kreativität und Lebendigkeit sitzen, aktivieren vor allem Kunstwerke, schöne Gegenstände, gute Musik, Bilder in Rottönen sowie Blumen diese Zone. Zur Lebensfreude und Fantasie passt auch ein Klangspiel aus Metall. Der Wohnbereich sollte eine leichte, heitere Atmosphäre haben, weil das die Kreativität mobilisiert. Kinder brauchen Raum zur Entfaltung, ebenso Ideen: Sorgen Sie für Platz und Bewegungsfreiheit!

Wenn Sie den Wohnbereich Kinder aktiviert haben, sollte sich zum einen Ihre Beziehung zu Ihren Kindern deutlich verbessern und von neuer Freude und spielerischer Leichtigkeit erfüllt werden. Andererseits wird Ihre schöpferische Seite mobilisiert und Ihre Kreativität beginnt zu sprudeln. Diese Kraft wird Sie flexibler, mutiger und deshalb offener machen für das Lösen von Problemen. Weil Sie gefühlsmäßig ausgeglichener, weniger feindselig und seltener verärgert sind, lassen Sie schneller los von negativen Ereignissen und zeigen sich eher in der Lage, das Positive daran zu sehen. Aus diesem kreativen Potenzial erwachsen Glücksgefühle.

Wissen

Wir gewinnen Erkenntnis durch Erfahrungen und Reflexionen. Unser theoretisches Wissen erwerben wir durch Lernen. Lebensweisheit muss jedoch reifen und bedarf der Innenschau und Kontemplation. Im Bereich Wissen geht es weniger um das praktische Know-how, sondern vielmehr um Erkenntnis, Erfahrungen, Intuition und Weisheit.

WISSEN

Machen Sie den gleichen Fehler immer wieder? Haben Sie das Gefühl, keinen besonders guten Erfahrungsschatz zu besitzen und nicht auf Ihre Intuition vertrauen zu können? Dann sollten Sie den Wohnbereich Wissen genau unter die Lupe nehmen.

Unsere Seele liebt die Vielfalt und neue

Herausforderungen. Gerade die Kontraste sind Quellen des Glücks. Der Wechsel aus Gewohntem und Ungewohntem, aus Vorhersehbarem und Überraschendem ist ein probates Mittel gegen Unzufriedenheit. Wenn Sie hier das Bagua anwenden, bringen Sie automatisch mehr Abwechslung in Ihr Leben. Neues Erleben und Lernen lassen der Langeweile keine Chance, sondern bringen Lebenslust pur.

Feng-Shui-Tipps für tiefere Erkenntnis und Lebensweisheit

Ist der entsprechende Wohnbereich in Ihrem Zuhause vollgestopft mit Sachen, wird Ihnen das Lernen schwerfallen. Unordnung und Enge blockieren die Möglichkeit, richtige Entscheidungen zu treffen. Ausmisten öffnet dagegen die Kanäle und fördert die Konzentration.

Da Reflexion und Meditation bei diesem Bereich im Vordergrund stehen, sollte der entsprechende Wohnraum Ruhe und Beständigkeit ausstrahlen. Gegenstände, die für Kontemplation stehen, aktivieren die Energie. Ein gemütlicher Sessel, der zum Nachdenken oder Lesen einlädt, passt wunderbar, genauso wie ein Bücherregal mit guter Literatur und informativen Sachbüchern. Alles, was den Durchblick fördert, aktiviert diesen Bereich, auch angenehmes Licht und Kerzen. Wenn Sie das Gefühl haben, dass es Ihnen schwerfällt, sich neues Wissen anzueignen, gute Erfahrungen zu sammeln und Erkenntnisse zu gewinnen, dann sollten Sie hier leere Gefäße wie Schalen, Vasen, Gläser, vor allem aus Ton und Keramik, platzieren. Dies verstärkt die Aufnahmefähigkeit. Oder besitzen Sie ein Objekt, das Wissen und Lernen für Sie ausdrückt? Dann stellen Sie es genau hier auf. Es wird Ihr Unterbewusstsein mobilisieren.

Wenn Sie den Bereich nach Feng Shui aktiviert haben, sollten Sie Entscheidungen intuitiv und richtig treffen. Sie werden vieles leichter verstehen und begreifen, neues Wissen erwerben und tiefere Einblicke gewinnen.

Ruhm

In diesem Bagua-Bereich spiegelt sich Ihr Ansehen wider. Welche Wirkung haben Sie auf andere? Werden Sie anerkannt? Haben Sie Erfolg? Der Bereich Ruhm zeigt, wie es um Ihr Image bestellt ist. Auch ein Mangel an Optimismus kann hier zum Ausdruck kommen.

Wenn Sie gerne mehr Ruhm und Anerkennung erfahren möchten, dann sollten Sie sich mit diesem Wohnbereich befassen. Blockaden im Chi-Fluss können zu einem regelrechten Mauerblümchen-Dasein führen, verbunden mit dem Gefühl, nicht richtig wahrgenommen zu werden. Verbessern Sie Ihre Aura und Ausstrahlung, indem Sie den Bereich Ruhm aktivieren.

Doch wie kommen wir eigentlich zu Ruhm und Anerkennung? Indem wir lieben, was wir sind, mit wem wir sind, wo wir sind und was wir tun – und das mit Hingabe erfüllen. Wenn der Energiefluss hier stimmt, bereiten wir den Boden für ein ausgefülltes Leben. Und dies hat wiederum zur Folge, dass wir Anerkennung ernten.

Es gibt viele Menschen, die das, was sie tun, nicht besonders interessant oder gar überflüssig finden. Und immer mehr Menschen sehnen sich nach wertvoller Arbeit oder nach der Beschäftigung mit etwas, was ihnen am Herzen liegt, was ihnen sinnvoll erscheint. Wer sich ohne Sinn und Ziel durchs Leben bewegt, verharrt im Stillstand, verliert die Neugierde und die Lust, noch etwas zu bewegen. Halten wir unsere Fähigkeiten und Talente zurück, verbauen wir uns die Möglichkeit, glücklich zu werden. Wenn wir mit halber Kraft, mit angezogener Handbremse leben, stellen wir unser Licht unter den Scheffel und werden nicht richtig wahrgenommen.

Feng-Shui-Tipps für mehr Anerkennung

Wenn Sie in dem Wohnbereich, der Ihren Ruhm symbolisiert, Dinge horten, werden Sie auf andere Menschen keinen guten Eindruck machen oder Ihr Ruhm wird verblassen. Dieses Gerümpel wird Ihre Strahlkraft bremsen und Imageprobleme fördern. Je besser das Chi in diesem Wohnbereich fließen kann, umso selbstbewusster treten Sie auf.

Da der Bereich Ruhm das innere Feuer und Leuchten symbolisiert, spielen Licht und Beleuchtung hier eine große Rolle. Hängen oder stellen Sie Gegenstände auf, die für Sie Aufstieg, Erfolg und »Ruhm« symbolisieren. Dazu zählen Kunstwerke sowie Ehrungen, Preise oder Urkunden. Aber auch Gegenstände in roter Farbe wirken hier sehr positiv.

Wenn Sie den Bereich Ruhm nach Feng Shui gestärkt haben, sollte Ihnen die Anerkennung zuteil werden, die Sie verdienen. Menschen werden gut über Sie und Ihre Taten reden. Das wiederum wird

RUHM

Ihr Selbstbewusstsein stärken. Ihre Meinung wird gefragt sein.

Feng Shui zeigt uns auch, dass die Schönheit im Auge des Betrachters liegt. Also entdecken Sie die kleinen Verzückungen um sich herum! Indem Sie sich bewusst damit beschäftigen, lenken Sie Ihre Wahrnehmung auf die positiven Ereignisse in der Gegenwart und fühlen sich nach einer Weile tatsächlich glücklicher. Außerdem fördert diese Aufmerksamkeit die Dankbarkeit für die kleinen Glücksmomente, die sonst im Trubel des Alltags leicht verloren gehen können. Wer »seine« Welt aufmerksam wahrnimmt und sie zu schätzen weiß, wird selbst auch Aufmerksamkeit und Wertschätzung erfahren.

So aktivieren Sie zu Hause Ihr Glück

Feng Shui kennt verschiedene Hilfsmittel, um die Energie, die unser Zuhause durchströmt, zu lenken, zu verbessern und Störungen zu harmonisieren. Oft sind es nur Kleinigkeiten, die mit über Zufriedenheit und Wohlbefinden entscheiden. So können schon kleine Veränderungen wie etwa das Aufhängen eines Bildes oder eines Windspiels an der richtigen Stelle die positiven Energien in einem Raum aktivieren und dadurch direkt auf unser Wohlbefinden einwirken.

Wo Ost und West sich treffen

Wenn der Geist fliegt, entstehen gute Gefühle. Diesen Zustand der Selbstvergessenheit hat der Psychologe Mihalyi Czikszentmihalyi mit dem Begriff Flow, zu Deutsch »fließen«, beschrieben. Dieses Flow-Erlebnis entsteht, wenn man völlig auf eine Sache konzentriert ist, sich ganz und gar hingibt. Das intensive Erleben und die Versunkenheit lassen einen Zeit und Raum vergessen. Man scheint mühelos dahinzugleiten, ist völlig gefesselt von dem, was man tut. Man verschmilzt dabei auf eine gewisse Weise mit dem Universum und erlebt Momente vollkommenen Glücks.

Dieser westliche Gedanke entspricht absolut der Idee vom ungestörten und harmonische Chi-Fluss, wie im Feng Shui angestrebt. Mit der Anwendung der Feng-Shui-Tipps können Sie das eigene Glück locken und so Schritt für Schritt mehr Glück erfahren. Neben dem Entrümpeln, Aufräumen und Aktivieren der Umgebung mithilfe des Bagua gibt es noch ein paar weitere Hilfsmittel, um den Flow zu erreichen und das Chi zum Fließen zu bringen.

Accessoires und Symbole

Spiegel, Bilder, Kristalle, Aquarien, Zimmerbrunnen oder Pflanzen sind wichtige Accessoires im Feng Shui. Gezielt platziert, können sie den entsprechenden Lebensbereichen zusätzliche Impulse geben oder Fehlbereiche ausgleichen. Entscheidend ist der Symbolgehalt, daher kann neben den Feng-Shui-Klassikern wie Kristalle alles zum Einsatz kommen, wozu Sie eine ganz persönliche Beziehung haben. Wurzeln, Steine, Muscheln, Figuren, Karten, Bilder – bei der Auswahl der Dinge, die Sie aufstellen oder aufhängen, ist letztlich Ihre Intuition von Bedeutung.

Dinge, die Ihnen besonders gut gefallen und die für Sie etwas symbolisieren, können den Energiegehalt in einem Raum verbessern. Denn diese persönlichen Gegenstände sind mit guten Gedanken oder Erinnerung aufgeladen und haben so eine positive Schwingung. Vielleicht haben Sie beim Entrümpeln einen Gegenstand wiederentdeckt, der diese Qualität hat? Dabei entscheiden Ihr persönlicher Geschmack und Ihr Bauchgefühl, welchen Symbolgehalt ein Stück für Sie besitzt und welchen Bereich es daher für

Sie verstärken kann. So können Glücksbringer, die richtig eingesetzt werden, wahre Wunder vollbringen. Dazu gehören übrigens auch Düfte. Wenn Sie eine Duftkerze oder -lampe aufstellen, weil Sie den feinen Geruch in einem Raum mögen, erhöhen Sie damit den Chi-Gehalt. Doch übertreiben Sie es nicht: Wählen Sie gezielt einzelne Gegenstände aus, die Sie bewusst platzieren. Weniger ist mehr!

Ihre Intuition ist entscheidend! Wählen Sie nur Symbole und Hilfsmittel aus, bei denen Sie ein eindeutig positives Gefühl haben.

Spiegel lenken die Energie

Mithilfe eines Spiegels lassen sich Bereiche, in denen es an Chi mangelt, stimulieren, und sie sind ein gutes Mittel, um Fehlbereiche auszugleichen. Aber Spiegel sollten sehr vorsichtig verwendet werden, da sie eine sehr starke Wirkung haben. Angebracht an einer Wand, die zum fehlenden Bereich zeigt, erzeugt ein Spiegel Tiefe und füllt quasi den fehlenden Raum auf, denn er schafft sozusagen die Illusion von mehr Platz für Energie.

Kleine, dunkle oder enge Räume können durch Spiegel geöffnet werden, das Licht wird hereingeleitet. Spiegel können auch negative Energie reflektieren und so als Schutz wirken.

An der falschen Stelle aufgehängt, können Spiegel mehr schaden als nutzen. Ein Spiegel gegenüber vom Bett, in den Sie direkt hineinsehen können, wäre Gift für Ihr Wohlbefinden, weil er Ihre Energie regelrecht schluckt. Durch den Spiegel wird die Energie des Schlafenden nämlich auf ungünstige Weise reflektiert. Wenn sich in Ihrem Schlafzimmer ein solcher Spiegel befindet, sollten Sie ihn probeweise eine Zeit lang verhängen. Verbessert sich Ihr Schlaf, wissen Sie, was zu tun ist. In Räumen, die der Entspannung dienen, schaffen Spiegel stets Unruhe, weil sie das Chi beschleunigen. Wenn Sie also in einem Raum eine unerklärliche Nervosität fühlen, könnte es am falsch platzierten Spiegel liegen. Hängen Sie den Spiegel einfach ab. Im Bagua-Bereich Karriere sind Spiegel hingegen ein sehr gutes Hilfsmittel.

Wasser fördert die Finanzen

Wasser zieht positive Energie an und lädt den Raum, in dem es sich befindet, mit dieser Energie auf. Es kann als Zimmerbrunnen, Wasserbecken, Wasserspiel oder auch als Bild, das einen Wasserfall zeigt, eingesetzt werden. Solche Bilder bringen symbolhaft die positive Wirkung von Wasser zum Ausdruck. Die aktivierende Kraft des Wassers soll den Geldfluss mobilisieren und Finanzprobleme lösen. Sie wirkt aber auch stärkend aufs Immunsystem und steigert die Konzentration. Deshalb sind die Bagua-Bereiche Reichtum, Karriere und Familie ideale Orte für den Einsatz von Wasser. Einzige Ausnahme: Zimmerbrunnen im Schlafzimmer sollten über Nacht ausgeschaltet werden, weil das Geplätscher für Unruhe sorgen kann. Und Wasserbetten sind im Feng-Shui-Sinn auch nicht von Vorteil.

Pflanzen verbessern das Raumklima

Sie symbolisieren Natur und Wachstum: Pflanzen im Haus wirken wie Filter und verbessern durch ihren Stoffwechsel das Raumklima. Neben diesem guten Effekt erfreut ihr Wachstum oder ihre Blütenpracht den Menschen und wirkt somit positiv auf die Psyche. Durch ihre eigene Energie steigern Pflanzen das Chi in einem Raum – vorausgesetzt, sie sind gesund. Welke oder kranke Pflanzen sollten Sie entfernen. Im Feng-Shui-Sinn sind auch Pflanzen oder Blumen mit spitzen Blättern und Dornen ungünstig.
Schnittblumen stärken das Chi in Räumen sehr. Sie erhöhen die Raumenergie. Entfernen Sie jedoch verwelkte Sträuße, da ihre Ausstrahlung negativ ist. Trocken- beziehungsweise Kunstblumen sind im Feng-Shui-Sinn nicht optimal, da sie keine lebendige Kraft haben und Pflanzen vitalisierend wirken sollen. Natürlich spricht nichts dagegen, sie als Dekoration einzusetzen, aber auf das Chi haben sie keinen Einfluss. Wichtig: Trocken- und Kunstblumen dürfen nicht verstauben!
Pflanzen sind ein besonders gutes Hilfsmittel in den Bagua-Bereichen Familie, Reichtum und Kinder.

Bilder erinnern an schöne Momente

Jeder Mensch, jede Pflanze, jedes Ding ist Energie, also auch Bilder. Dabei ist das Motiv weniger wichtig, entscheidend ist die Wirkung auf den Betrachter: Habe ich beim Betrachten des Bildes positive oder negative Gefühle?
Familienfotos sollten Sie nur behalten und/oder aufstellen, wenn Sie gute Beziehungen oder gute Erinnerungen an die abgebildeten Menschen und Momente haben. Fotos aus harten Zeiten oder von Menschen, mit denen Sie Probleme hatten, halten Sie in der Vergangenheit fest. Trennen Sie sich davon und machen Sie Platz für neue, schöne Beziehungen und Momente. Schnappschüsse, die Ihnen beim Betrachten ein Lächeln aufs Gesicht zaubern, haben belebende Wirkung, das Gleiche gilt für Kinderzeichnungen.
Gemälde haben eine eigene Schwingung, denn es steckt noch etwas von der Energie des Künstlers darin, auch wenn er längst verstorben ist. Hängen Sie deshalb nur Bilder auf, die Ihnen »guttun«, wenn Sie sie anschauen.

»Es genügt nicht, zum Fluss zu kommen mit dem Wunsch, Fische zu fangen. Man muss auch das Netz mitbringen.«
Chinesische Weisheit

Klänge haben heilende Wirkung

Klangspiele aus Holz, Glas, Keramik oder Metall erzeugen im Luftzug leise Klänge. Ihre Schwingungen spenden Ruhe und Freude und können außerdem den Chi-Fluss positiv beeinflussen. Schöne Klänge verstärken das Chi. An einem Fenster angebracht, halten Klangspiele entweichendes Chi zurück und verteilen es im Raum. Liegt ein Fenster einer Tür direkt gegenüber, rauscht das Chi zu schnell durch den Raum. Hier kann ein Klangspiel den Energiefluss positiv abbremsen. Es kann aber auch als Raumteiler fungie-

ren, um verschiedene Bereiche voneinander zu trennen. Hängen Sie Klangspiele, am besten aus Metall mit einem hohen, klaren Ton, dort auf, wo Sie Energieströme umlenken möchten.
Klänge sind grundsätzlich ein besonders gutes Hilfsmittel in allen Bagua-Bereichen, Klangspiele aus Metall wirken aber speziell in den Zonen Kinder und Hilfreiche Freunde. Hängen Sie ein Klangspiel nur auf, wenn es Ihnen gefällt und Sie den Klang als angenehm empfinden. Diese bewährten Feng-Shui-Hilfsmittel sind nicht jedermanns Geschmack.

Kristalle lenken das Licht

Ob unbearbeitet oder geschliffen: Kristalle und Edelsteine bieten im Feng Shui wunderbare Möglichkeiten, das Chi in einem Raum zu stärken. Man kann sie dekorativ auf einen Tisch oder eine Fensterbank legen oder in ein Fenster hängen. Am wirksamsten sind Bergkristall und Rosenquarz, aber Sie können auch andere Edelsteine verwenden. Regenbogenkristalle sind Kugeln, Tropfen oder andere Formen aus speziell geschliffenem Bleiglas, die das Licht in seine Spektralfarben brechen. Sie können dem Raum damit eine freundliche, harmonische Stimmung geben, davon profitieren besonders dunkle Ecken und lange Gänge.
Kristalle sind ein sehr gutes Hilfsmittel im Bagua-Bereich Partnerschaft. Leere Kristallschalen aktivieren den Bereich Reichtum. Der Gesundheits-Bereich wird durch eine Regenbogenkugel oder eine stehende Bergkristallspitze stabilisiert. Für den Bereich Hilfreiche Freunde empfehlen sich Objekte aus Bleikristall, Wissen lässt sich mithilfe von Edelsteinen und Regenbogenkristallen verstärken. Lassen Sie beim Einsatz Ihre Intuition wirken: Nehmen Sie die Kristalle oder Steine in die Hand und achten Sie auf Ihr Gefühl. Im Schlafzimmer sollten Sie jedoch keine Edelsteine einsetzen, denn die starken Schwingungen könnten Schlafprobleme erzeugen.

Der ideale Platz für Ihre Möbel

Wohin mit dem Bett? Wo soll der Schreibtisch stehen? Die Entscheidung fällt meist spontan: dorthin, wo Platz ist und die Möbel gut zur Geltung kommen. So unbedacht würde ein Feng-Shui-Kundiger niemals ein Zimmer einrichten. Denn für ein Bett oder einen Sessel gibt es günstige und ungünstige Plätze in einem Raum. Jedes Möbelstück in der Wohnung oder im Haus sollte nicht nur seinen Zweck erfüllen, sondern auch dem Bedürfnis nach Schönheit, Entspannung, Anregung und Wohlbefinden genügen. Und unabhängig vom persönlichen Geschmack sollten Möbel weder Ihnen noch dem Energiefluss im Weg stehen.
Im Feng-Shui gibt es fünf grundsätzliche Einrichtungsregeln, die dafür sorgen, dass das Chi in den Räumen ungehindert fließen kann.

Einrichtungsregel Nummer 1

Erhalten Sie sich Bewegungsfreiheit und lassen Sie genug Platz in jedem Raum. Vollgestellte Zimmer, in denen die Möbel wie Hürden herumstehen, blockieren das Chi. Befinden sich zu viele Möbel in einem Raum, entstehen chaotische Energieströme, die Unruhe hervorrufen. Trennen Sie sich von Möbelstücken, die Sie nicht mehr brauchen, die ungenutzt herumstehen und die Ihr Zuhause somit überlasten. Wenn Sie das Ausmisten der Schränke, Kommoden, Schubladen und Abstellkammern hinter sich haben, warum dann nicht einfach bei den Möbeln weitermachen? Überprüfen Sie, welches Möbelstück Sie wirklich noch brauchen und welche Möbel eigentlich nur noch da sind, ohne einen Zweck zu erfüllen. Gibt es vielleicht auch Möbel, die kaputt oder mit Flecken übersät sind? Lassen Sie die Sachen reparieren oder aufarbeiten oder trennen Sie sich davon!

Einrichtungsregel Nummer 2

Finden Sie die optimale Möblierung. Die Zimmer häufiger umzuräumen kann Spaß machen, wenn genug Platz da ist, um die Möbel herumzuschieben und neue Arrangements auszuprobieren. Wenn das nicht geht, basteln Sie sich ein Modell: Zeichnen Sie den Grundriss des Zimmers auf, malen die Möbelstücke maßstabsgetreu auf Karton und schneiden sie aus. Dann können Sie sie auf dem Grundriss herumschieben, verschiedene Varianten ausprobieren und so die beste Lösung finden.

Einrichtungsregel Nummer 3

Entschärfen Sie scharfe Kanten von Möbeln, denn sie wirken wie Giftpfeile. Spitze Kanten oder Ecken von einem Schrank, Tisch oder Regal, die auf Ihr Bett, Ihren Sitzplatz oder Schreibtisch deuten, sind äußerst negativ. Natürlich lassen sich in keiner Wohnung Ecken vermeiden, aber sie sollten sich nie auf zentrale Lebensbereiche richten. Verschieben Sie die jeweiligen Möbel oder entschärfen Sie die Kante, indem Sie eine Pflanze oder einen Paravent davorstellen oder die Kante dekorativ verhängen.

Einrichtungsregel Nummer 4

An alten Möbeln oder Erbstücken haftet Geschichte. Sie hatten oft viele Vorbesitzer, von denen Sie vermutlich nichts wissen. Mit Antiquitäten holen Sie sich immer auch etwas vom Chi der Vorbesitzer in Ihr Zuhause. Lassen Sie sich also Zeit beim Kauf und versuchen Sie, die Schwingungen des antiken Stücks zu spüren. Um sicherzugehen, können Sie Antiquitäten klären (siehe Seite 54ff.), sobald sie in Ihrer Wohnung stehen. Ein restauriertes Stück ist von den alten Schwingungen bereits befreit und Sie können sich unbesorgt damit einrichten. In Kinderzimmern sollten Sie auf alte Möbel verzichten, es sei denn, das Kind spricht sich explizit dafür aus.

Einrichtungsregel Nummer 5

Platzieren Sie Ihre Möbel so, dass Sie sich optimal geschützt und behaglich fühlen. Setzen Sie sich also nicht mit dem Rücken zur Tür oder zum Fenster. Ihr ungeschützter Rücken gibt Ihnen unbewusst das Gefühl, bedroht zu sein. Zudem sollten Sie von Ihrem Sitzplatz aus sehen können, wer den Raum betritt. Aus diesem Grund sollte auch Ihr Bett nicht direkt neben einer Tür stehen, sondern ihr gegenüber. Mit dem Kopf des Bettes unter einem Fenster sind Sie ebenfalls ungeschützt. Ihr Unterbewusstsein wird so in ständige Alarmbereitschaft versetzt; Schlafstörungen sind vorprogrammiert.

Alles ist nun in bester Ordnung

Sie haben sich mithilfe von Feng Shui auf eine Reise ins Ich begeben und dabei den geheimnisvollen Zauber des Loslassens entdeckt. Durch das Ausmisten und Aufräumen haben Sie alles in Ihrem bisherigen Leben auf den Kopf gestellt und so mehr Raum für neue Entwicklungen gewonnen. Die Lebensenergie Chi fließt nun wieder ungestört durch Ihr Zuhause: Genießen Sie die Harmonie, freuen Sie sich über das Erreichte und erwarten Sie kleine und große Wunder: Denn ab jetzt wirkt der Harmoniezauber.

Warum weniger mehr ist

Mit dem Ausmisten Ihrer vier Wände haben Sie auf der sichtbaren Ebene richtig Ordnung gemacht. Auf der unsichtbaren Ebene jedoch konnten Sie ein neues Glücksziel für sich entdecken: loslassen und dadurch gewinnen. Wir sind oft geneigt, das Glück im Mehr zu suchen. Aber je mehr wir besitzen und ansammeln, umso mehr beschränken wir unsere Entwicklungsmöglichkeiten. Denn Besitz kann belasten, zu viel davon kann uns sogar erdrücken. Wenn wir versuchen, durch Besitz mehr Selbstbewusstein und Selbstwertgefühl zu erlangen, wird uns das nicht gelingen.

Vielleicht haben Sie es beim Entrümpeln Ihrer Wohnung bereits gespürt: Zufriedenheit kommt aus dem Selbst und nicht aus den Dingen, mit denen wir uns umgeben. Feng Shui ist jedoch weit davon entfernt, Askese und Entsagung zu propagieren. Im Gegenteil: Überfluss von Harmonie und Glück ist das Ziel. Damit verlagert sich der Schwerpunkt von der materiellen auf die ideelle Ebene.

Durch die Korrekturen in Ihrer Umgebung haben Sie die Weichen gestellt für ein harmonisches Gleichgewicht, das direkt auf unser Wohlbefinden wirkt. Nun wohnen Sie so, wie Sie sind und wie Sie sein wollen. Nicht die Dinge beherrschen Sie, sondern umgekehrt.

Beim Ausmisten haben Sie herausgefunden, welche Dinge überflüssig sind und welche wichtig sind. Sie haben behalten oder losgelassen – die Entscheidung fiel ohne Zwang, sie kam direkt aus Ihrem Herzen. Denn bei allem, was Sie in den vergangenen beiden Tagen weggeworfen oder beiseite gelegt haben, standen Sie im Mittelpunkt. Sie haben entschieden, was zu Ihnen passt, was für Sie von Bedeutung ist und was nicht.

Die Gewinnbilanz

Beim Ausmisten des Kleiderschranks haben Sie neben einigen Kleiderstücken auch unerfüllbare Wünsche losgelassen. Sie werden nie mehr in die alte Jeans passen – na und? Jetzt, ohne die Hose, die wie eine ständige Anklage im Schrank hing, haben Sie Platz und Entspannung gewonnen. Heute ist die Figur eben anders, und das ist gut so. Jetzt können Sie sich besser akzeptieren und sagen: Ich bin, wie ich bin!

Die Nippesflut in den Wohnzimmerregalen und -vitrinen hat sich deutlich gelichtet. Damit haben Sie Zeit gewonnen, Stress reduziert, denn das Saubermachen, Abstauben, Sortieren und Sammeln hat viele Stunden und Energie geschluckt. Sie können nun Ihre Zeit viel besser nutzen, für sich selbst, für Ihre Hobbys, für Ihre Lieben …
Beim Entrümpeln des Speichers mussten die alten Tennisschläger daran glauben. Dabei haben Sie nicht nur Platz gemacht, sondern auch den Kopf frei bekommen. Sie haben seit Jahren nicht mehr gespielt und mit einer Profikarriere war nun wirklich nicht mehr zu rechnen, auch wenn Sie früher mal richtig gut waren. Beim Wegwerfen sind vielleicht ein paar Illusionen zerplatzt und Sie haben wehmütig geseufzt: »Wie die Zeit vergeht.« Aber dafür können Sie sich nun neuen Dingen zuwenden, zum Beispiel einer neuen Sportart, die Ihrem Alter und Ihrer Fitness mehr entspricht.
Diese Liste können Sie beliebig fortsetzen. Fazit: Sie haben losgelassen und gewonnen, statt Quantität haben Sie nun Qualität erreicht.

Die Gefühlsbilanz

Nichts ist für die Ewigkeit gemacht, auch nicht Gefühle. Dies ist auf den ersten Blick eine schmerzliche Erkenntnis, doch durch Ihr 24-Stunden-Programm haben Sie entdeckt und erfahren, was es wirklich bedeutet: eine wunderbare Wahrheit. Als Sie vor vielen Jahren nach langem Suchen endlich den antiken Ledersessel gefunden, gekauft und nach Hause geschleppt hatten, war Ihre Freude riesengroß. Doch inzwischen hat sich dieses Gefühl verflüchtigt. Mit der Zeit wurde aus dem Sessel ein sperriges Möbel, für das es in der neuen Wohnung überhaupt keinen Platz mehr gab. Umgekehrt hatten Sie vielleicht lange um die zerbrochene Vase getrauert, die Sie vor vielen Jahren von einem lieben Menschen geschenkt bekommen haben. Heute erinnern Sie sich gar nicht mehr daran und Sie haben längst fünf neue Vasen geschenkt bekommen, die »leider« unzerbrechlich sind.
Beim Entrümpeln haben Sie ein bisschen von der Feng-Shui-Mentalität erworben: Die Zufriedenheit ist nicht für immer und ewig an Sachen gebunden. Manches verschwindet von selbst, manches gibt man freiwillig weg und dafür kommt garantiert etwas Neues ins Leben.
Beim Räumen, Sortieren und Ausmisten haben Sie alte Gefühle aus der Vergangenheit über Bord geworfen und sich damit eingestanden, dass die alten Zeiten unwiderruflich vorbei sind. Sie haben damit auch Vertrauen in die Zukunft bewiesen, denn Sie haben neuen Entwicklungen Platz gemacht.

»Der Sinn des Lebens besteht darin, glücklich zu sein.«
Der 14. Dalai-Lama

Die Zeitbilanz

Um das Leben im Hier und Jetzt zu genießen, brauchen wir Freiraum und Zeit, oder besser gesagt: Muße. Und die haben Sie durch das Ausmisten ebenfalls gewonnen. Denn indem Sie das Überflüssige vom Wichtigen getrennt haben, haben Sie automatisch mehr Zeit für das bekommen, was Ihnen wirklich wichtig ist. Vorbei ist die Zeit raubende Suche im überquellenden Kleiderschrank, das zeitintensive Pflegen einer Sammlung, das Zeit fressende Aufräumen und Saubermachen all der überflüssigen Dinge in der Wohnung. Da Sie die Vergangenheit aufgearbeitet und hinter sich gelassen haben, sind Sie im Hier und Jetzt angekommen – eine Grundvoraussetzung, um das Leben in vollen Zügen zu genießen.

Der Dominoeffekt

Werfen Sie noch einmal einen Blick zurück und überlegen Sie, wie Ihr Zuhause bislang ausgesehen hat und was sich nun alles verändert hat. Sie haben Schritt für Schritt eine Veränderung herbeigeführt, so kam eins zum anderen. Das Ganze erinnert ein bisschen an einen Dominoeffekt. Dieser beschreibt eine Abfolge von Ereignissen, die jeweils durch ein vorangegangenes Ereignis ausgelöst werden. Ausgangspunkt ist ein Anfangsereignis, das eine Kettenreaktion in Gang setzt – wie wenn die Steine eines Dominospiels hochkant in einer Reihe so aufgestellt werden, dass beim Umwerfen des ersten Steins dieser den zweiten umwirft, dieser den dritten etc., bis alle Steine umgefallen sind.

Angewendet auf unser Leben, könnte jeder einzelne Tag oder jede Erfahrung, die wir machen, als ein solcher Dominostein gesehen werden, der auf den nächsten trifft. Beim Dominospiel sind der Ereigniskette keine Grenzen gesetzt, da jeder Stein beim Fallen genügend Energie an den nächsten abgibt, um ihn ebenfalls zu bewegen. Und da die Bewegungsenergie eines einzigen Dominosteins genügt, sogar mehrere andere umzuwerfen, muss die Ereigniskette nicht nur in eine Richtung verlaufen, sondern kann sich in beliebig viele Ketten aufspalten und viele Kettenreaktionen auslösen.

Mit dem Entrümpeln und Aufräumen haben Sie den Dominoeffekt für Ihr Leben in Gang gesetzt. Sie haben etwas Neues anstoßen und damit alles in Bewegung gebracht. Aber der Auslöser, das waren Sie! Alles geht von Ihnen aus.

Sie haben es bewirkt

Alles, was Sie zu einem glücklichen und harmonischen Leben brauchen, ist bereits in Ihnen vorhanden. Mit dem, was Sie in 24 Stunden vollbracht haben, haben Sie Ihre verborgenen Potenziale zur Entfaltung gebracht und sich daheim selbst den »roten Teppich« ausgerollt. Egal, wie groß oder klein Ihr privates Reich zu Hause ist, Sie haben das Beste daraus gemacht. Erwarten Sie nun gelassen und heiter die Wirkung. »Wu wei« heißt es im Chinesischen, wenn das Unergründliche von selbst wirkt.

Der gerade beschriebene Dominoeffekt mag vielleicht die Illusion vermitteln, dass ein Fingerschnippen genügt, um eine Wirkung zu erzielen. In Wahrheit ist es jedoch eine Abfolge vieler kleiner Ereignisse, die etwas in Gang setzen. Zuerst müssen die Dominosteine ja aufgestellt werden, und zwar nach einem genauen Plan, der die Reihenfolge vorgibt, in der sie fallen. Es geschieht also nichts von selbst. Der Aufsteller der Steinkette entscheidet, was wann passiert. Und dieser »Aufsteller«, das waren Sie ganz allein. Auf diese Anstrengung und Leistung, die Sie vollbracht haben, können Sie stolz sein.

Sie haben sich Ihr Leben neu eingerichtet

Es hat nur 24 Stunden gebraucht und Sie haben Ihr Leben umgekrempelt. Sie haben sich der Herausforderung gestellt und Ihrem wahren Seelenzustand Ausdruck verliehen: Jetzt sind Sie, wie Sie wohnen, denn Sie wohnen, wie Sie sind. Machen Sie nun erneut einen Rundgang durch Ihre Wohnung oder Ihr Haus und fragen Sie sich: Gefällt mir das, was ich sehe? Bin ich das wirklich? Will ich das sein?

Mit großer Wahrscheinlichkeit lautet Ihre Antwort jetzt: Ja! Denn nachdem Sie das Gerümpel losgeworden sind und Ihre Sachen in Ordnung gebracht haben, können Sie sich mit dem, was Sie zu Hause sehen, identifizieren. Laden Sie doch Ihre Familie oder ein paar Freunde zu sich ein und testen Sie die Reaktionen. Ganz sicher werden Sie viele Komplimente hören!

Der geheimnisvolle Feng-Shui-Effekt

Möglicherweise haben Sie vor einiger Zeit noch darüber nachgegrübelt, warum Sie eigentlich so viel Stress haben, warum Sie sich ständig mit Ihrem Partner streiten oder warum es mit Ihrer Karriere nicht vorangeht. Mithilfe von Feng Shui haben Sie nun die Störfelder in Ihrer Wohnung identifiziert und ausgemistet. Damit wurden die entsprechenden Lebensbereiche harmonisiert, denn mit jedem Stück, das Sie aufgeräumt oder weggeworfen haben, haben Sie mehr Klarheit und Ordnung in Ihr Leben gebracht: Wenn die äußere Umgebung im Gleichgewicht ist, kommt es auch in der inneren Welt zu positiven Veränderungen.

Der Energiestrom kann nun ungehindert durch Ihr Zuhause fließen und alle Lebensbereiche werden davon profitieren. Sie haben die Räume entrümpelt, aufgeräumt und geklärt und sich damit Raum für neue Möglichkeiten in Ihrem Leben gegeben. Rechnen Sie nun mit dem Besten!

Harmonie in allen Lebensbereichen

Die positive Wirkung Ihrer zweitägigen Anstrengung wird sich nach und nach auf die neun Lebensbereiche Karriere, Wissen, Hilfreiche Freunde, Kinder, Partnerschaft, Ruhm, Reichtum, Familie und Gesundheit auswirken.

Wenn Sie in Ihren vier Wänden die Karriere-Zone nach Feng Shui positiv verändert haben, können sich neue berufliche Möglichkeiten eröffnen oder Hindernisse im Job auflösen. Sie werden die Anerkennung für Ihre Arbeit ernten, die Sie verdienen.

Durch die Aktivierung des Partnerschafts-Bereichs sollten Sie einen Partner finden, wenn Sie das gerne möchten, oder eine festgefahrene Beziehung wird wieder neuen Auftrieb bekommen.

Haben Sie den Bereich Familie gestärkt, wird sich das in einem entspannten Miteinander in der Familie niederschlagen, bestehende Konflikte sollten sich auflösen.

Die Aktivierung der Reichtums-Zone sollte dafür sorgen, dass sich Ihnen neue lukrative Gelegenheiten auftun.

Wenn das überflüssige Gerümpel aus Ihrer »Mitte« verschwunden ist, sollten gesundheitliche Störungen und Beschwerden nachlassen. Ohne den Ballast werden Sie sich vitaler fühlen und über mehr Energie verfügen.

Haben Sie den Bereich Hilfreiche Freunde in Ordnung gebracht, werden sich Ihre Freundschaften vertiefen, vielleicht ergeben sich auch neue Kontakte. Sie werden Unterstützung bekommen, wenn Sie welche brauchen.

Das Entrümpeln des Bereichs Kinder wird bewirken, dass Ihre Beziehung zu Ihren Kindern von einer neuen Leichtigkeit erfüllt wird. Da Sie hiermit auch Ihre Kreativität mobilisiert haben, werden Ihre Ideen nur so sprudeln.

Da der Bereich Wissen von überflüssigem Gerümpel befreit ist, werden Sie vieles leichter verstehen und begreifen.

Wenn der Wohnbereich, der Ruhm symbolisiert, nun tipptopp in Ordnung ist, wird das Ihre Ausstrahlung fördern. Sie werden selbstbewusster auftreten und die Anerkennung bekommen, die Ihnen zusteht.

Die Reise geht weiter

Sie haben die Störfaktoren aus Ihrer Wohnung und damit hemmende und störende Einflüsse aus Ihrem Leben entfernt. Ihre Umgebung spiegelt nun wider, wer und was Sie sind und sein wollen. In diesem Rahmen haben Sie alle Möglichkeiten, Ihr wahres Selbst optimal zu entfalten. Sorgen Sie jedoch dafür, dass der Energiefluss nicht wieder ins Stocken gerät. Nun wissen Sie ja, worauf Sie achten müssen.

Entdecken Sie Ihre neuen Möglichkeiten und nutzen Sie sie! Freuen Sie sich auf ein glückliches und harmonisches Leben!

»Wer das Ziel kennt,
kann entscheiden.
Wer entscheidet, findet Ruhe.
Wer Ruhe findet, ist sicher.
Wer sicher ist, kann
überlegen. Wer überlegt,
kann verbessern.«
Konfuzius

Literaturverzeichnis

Bücher über Feng Shui

FISCHER, THEO: Wu wei – Die Lebenskunst des Tao. Rowohlt, Hamburg 2005
HARTIG, KLAUS-DIETER; ZHANG, XIA: Feng Shui – Positive Lebensenergie durch richtige Raumgestaltung. Midena, München 1998
HARTIG, KLAUS-DIETER; ZHANG, XIA: Feng Shui für die ganze Familie. Midena, Augsburg 2000
KINGSTON, KAREN: Feng Shui gegen das Gerümpel des Alltags. Rowohlt, Hamburg 2000
LAGATREE, KIRSTEN M.: Feng Shui – Wohnen und Gestalten nach der chinesischen Harmonielehre. Econ, Düsseldorf/München 1996
LI, CHRISTINE; KRAUTWALD, ULJA: Der Weg der Kaiserin. Droemer Knaur, München 2003
PRIGNITZ, EVA; RUF, PETRA: Das Feng-Shui-Lexikon. Südwest, München 2005
ROSSBACH, SARAH: Feng Shui – Die chinesische Kunst des gesunden Wohnens. Droemer Knaur, München 1998
SATOR, GÜNTHER: Feng Shui – Leben und Wohnen in Harmonie. Gräfe und Unzer, München 2004
SATOR, GÜNTHER: Feng Shui – Die Kraft der Wohnung entdecken und nutzen. Gräfe und Unzer, München 2005
TOO, LILLIAN: Lillian Too's Feng Shui der Liebe. Gräfe und Unzer, München 2000
WARING, PHILIPPA: Vom richtigen Wohnen – In Harmonie leben mit Feng Shui. Hugendubel, München 1995

Bücher zum Thema Entrümpeln

KÜSTENMACHER, WERNER TIKI; SEIWERT, LOTHAR J.: Simplify your life. Campus, Frankfurt/New York 2002
LINDINGER, KARIN: Lass los und … gewinne! Gräfe und Unzer, München 2004
POHLE, RITA: Weg damit! Entrümpeln befreit. Hugendubel, München 2001
ROTH, SUSANNE: Einfach aufgeräumt! Campus, Frankfurt/New York 2005
SCHECHTER, HARRIET: Entrümpeln Sie Ihr Leben! mvg, Frankfurt 2003

Register

AUTORIN

Nadja Nollau ist Architektin und Journalistin und lebt heute als freie Buchautorin in München. Im Lauf ihrer langjährigen journalistischen Tätigkeit fürs Fernsehen und für Zeitschriften hat sie sich auf die Themen Gesundheit, Wellness, Lifestyle und Psychologie konzentriert. Mit dem Thema Feng Shui beschäftigte sie sich schon lange. Auslöser für diesen praktischen Ratgeber war letztendlich ihre eigene große Wohnungsauflösung. Und sie hat gemerkt, wie die Kraft von Feng Shui tatsächlich wirkt.

BIBLIOGRAFISCHE INFORMATION DER DEUTSCHEN BIBLIOTHEK

Die Deutsche Bibliothek verzeichnet diese Publikation in der Deutschen Nationalbibliografie; detaillierte bibliografische Daten sind im Internet über http://dnb.ddb.de abrufbar.

WICHTIGER HINWEIS:

Die im Buch veröffentlichten Ratschläge wurden von Verfasserin und Verlag sorgfältig erarbeitet und geprüft. Eine Garantie kann dennoch nicht übernommen werden. Ebenso ist die Haftung der Verfasserin bzw. des Verlages und seiner Beauftragten für Personen-, Sach- und Vermögensschäden ausgeschlossen.

Projektleitung: Bettina Huber
Redaktion: Annette Gillich
Umschlag- und Layoutkonzeption: Dorothee Griesbeck, Die Buchmacher, München
Illustrationen: Lena Griesbeck
Herstellung und Satz: Veronika Preisler
Reproduktion: Repro Ludwig, Zell am See
Druck und Bindung: Uhl, Radolfszell

Printed in Germany

ISBN-13: 978-3-426-64369-3
ISBN-10: 3-426-64369-3

5 4 3 2 1